AF522905

MICHAELA FUCHS

EINE KULINARISCHE REISE DURCH *SKANDINAVIEN*

Trotz gewissenhafter Bearbeitung kann eine Haftung für den Inhalt nicht übernommen werden. Für aktuelle Ergänzungen und Anregungen ist der Verlag jederzeit dankbar.
Wir bedanken uns bei allen, die uns unterstützt haben.

Impressum
© 2024 BuchVerlag Leipzig GmbH
Gerichtsweg 28, 04103 Leipzig
Tel.: 0341 / 493574-0, Fax: 0341 / 493574-40
www.buchverlag-leipzig.de

Coverfotos: Hamnøy, Lofoten: Seth Kane, Unsplash.com (oben);
Schärenplatte mit verschiedenem Fisch: Michaela Fuchs (unten)
Innenfotos: Michaela Fuchs, außer: Seite 157 oben: transly-translation-agency, Unsplash.com;
Seite 157 unten: barring-family-international, Unsplash.com
Einband, Satz, Repro, Typografie: Sibylle Weiß, Frankfurt am Main
Druck und Bindung: READ ME Printing House
Printed in Poland

1. Auflage 2024
ISBN 978-3-89798-681-7

WILLKOMMEN AUF EINER KULINARISCHEN REISE DURCH SKANDINAVIEN!

Gleich vorneweg ein Wort zum Begriff Skandinavien: Meistens werden die Länder Dänemark, Norwegen und Schweden als Skandinavien bezeichnet, mal ist Finnland dabei, mal nicht. Genau genommen gehören jedoch geografisch nur Norwegen, Schweden sowie der äußerste Nordwesten Finnlands zur skandinavischen Halbinsel. Kulturell gesehen Dänemark, Norwegen und Schweden. Wobei Finnland viele Jahrhunderte zum Schwedischen Reich gehörte, überhaupt erst seit 1917 als eigener Staat existiert und Schwedisch hier bis heute zweite Amtssprache ist. Aber wie verhält es sich eigentlich mit Island oder den Färöer-Inseln? Auch sie haben ein skandinavisches Kreuz auf ihrer Flagge. Neben Skandinavien gibt es noch einen weiteren Begriff für die Staaten Nordeuropas: Nordische Länder. Letztendlich habe ich mich bei der Auswahl der Rezepte in diesem Buch für Dänemark, Norwegen, Schweden und Finnland entschieden – eine Mischung aus geografischer Lage und kulturellem Hintergrund.

Egal ob man schon mal in Skandinavien war oder auch nicht, für viele ist die Region ein Sehnsuchtsort verbunden mit viel Natur, Ruhe, sauberer Luft, roten Holzhäusern, schneereichen Wintern und freundlichen Menschen. Doch man muss nicht gleich nach Norden reisen, um sich ein bisschen Skandinavien nach Hause zu holen.
Wenn mich das Nordweh packt, dann kann ich es nirgendwo besser stillen als in meiner Küche! Allein der Duft von frischem Hefeteig mit einem Hauch von Kardamom lässt mich von meinem Häuschen in Lappland träumen. Schon als Kind habe ich mir von meiner Mutter immer Fleischklößchen, von denen in den Astrid-Lindgren-Büchern die Rede war, zum Geburtstag gewünscht. Inzwischen liegen viele Jahre und Skandinavien-Reisen zwischen den Fleischklößchen und meinem Lappland-Häuschen heute, doch die Liebe zur nordischen Küche hat mich stets begleitet.

In diesem Kochbuch möchte ich Dich mit auf eine Reise durch den Norden nehmen, vollgepackt mit einer ordentlichen Prise skandinavischem Lebensstil und traditionellen Rezepten ohne viel Schnickschnack – echte Herzensküche mit vielen Wohlfühlrezepten!

INHALT

92 GEMÜSE

108 SÜSSES, KUCHEN & GEBÄCK

132 BROT

142 SMØRREBRØD

146 GETRÄNKE

154 WEIHNACHTEN

156 SPEISEKAMMER

158 REZEPTVERZEICHNIS

LÄNDERKÜCHEN

Was macht die skandinavische Küche eigentlich so einzigartig? Sind es die vielfältigen nordischen Landschaften, die sich in ihr widerspiegeln? Ist es die faszinierende Mischung aus Tradition und Moderne? Oder besticht sie einfach durch die Wertschätzung für hochwertige, frische Zutaten? Wir wollen mal einen Blick auf die einzelnen Länder werfen.

DÄNEMARK

Wer bei Dänemark nur an *Pølser* oder *Smørrebrød* denkt, dem kann ich nur sagen: weit gefehlt. Zurück zu den Wurzeln – heißt es seit einigen Jahren in der dänischen Gastronomie. Das Konzept der „Neuen nordischen Küche" hat weltweite Anerkennung gefunden und man blickt seitdem gerne in die Kochtöpfe Skandinaviens. Ausgehend vom Kopenhagener Gourmettempel NOMA (der Name steht für die dänischen Wörter *nordisk* und *mad*, also nordisches Essen) fand ein Umdenken statt. Man besinnt sich wieder mehr auf Rezepte mit regionalen, saisonalen und nachhaltigen Zutaten: heimischer Fischfang, Fleisch vom Öko-Bauern und selbst gesammelte Beeren und Kräuter. Zur Unterstützung dieses Trends hat die Regierung sogar eine Kennzeichnung (*Nøglehullet*) gesunder Lebensmittel auf den Weg gebracht.

Sowohl Fischerei als auch Landwirtschaft haben eine lange Tradition im Alltag der Dänen. Ihre Vorliebe für deftige Hausmannskost ist vielleicht dem oftmals nasskalten Wetter und den langen Wintermonaten geschuldet. So hat sich aber bis heute das Wissen über traditionelle Konservierungstechniken wie das Einlegen oder Räuchern erhalten und sie sind nach wie vor weit verbreitet. Früher gab es hunderte von Räuchereien entlang der Küstenorte an Ost- und Nordsee, schon von weitem zu erkennen an ihren weißen Räucherschloten. Betrieben werden heute leider nur noch wenige. Doch wenn man an einer vorbeikommt, sollte man auf jeden Fall anhalten! *Røget fisk*, dazu nur ein mit Butter bestrichenes Roggenbrot – es gibt nichts besseres! Wie es sich überhaupt immer lohnt, an den kleinen Verkaufsständen am Straßenrand zu stoppen. Kartoffeln, Erdbeeren, Eier oder Marmeladen direkt vom Erzeu-

ger. Bezahlt wird auf Vertrauensbasis. Ganz unkompliziert skandinavisch!

Ganz speziell dänisch und von mir heiß geliebt ist das eingangs schon erwähnte *Smørrebrød*, ein offenes Sandwich, das gerne als *Frokost* (Mittagessen) gegessen wird. Der Begriff setzt sich aus den Wörtern *Smør* (Butter) und *Brød* (Brot) zusammen, was darauf hinweist, dass Butter auf das Brot gestrichen wird, bevor sich verschiedene Beläge aus Pastete, Braten, Krabben, Hering, Ei, Salaten und meist einer Sauce auf Mayonnaise-Basis darauf türmen. Nicht unbedingt etwas für die schlanke Linie.

Und wenn man dann auch noch an einer dänischen Bäckerei vorbeikommt, dann ist es sowieso um einen geschehen! *Flødeboller* (Schaumküsse), *Hindbærsnitter* (Himbeerschnitten), *Marcipantærte* (Marzipantorte), *Kanelsnegle* (Zimtschnecken), *Æblekage* (Apfelkuchen) und allem voran diverse Plundergebäck-Kreationen… die Liste ist schier unendlich. Und leider ist ein Urlaub immer viel zu kurz, um sich auch nur annähernd durch das gesamte Sortiment zu kosten.

Dänisches Versailles: Schloss Fredensborg auf der Insel Seeland

NORWEGEN

Norwegen ist für mich in erster Linie das Land meiner Kindheit – von Campingurlauben im Sommer bis zu Skihüttenaufenthalten in den Fjälls zu Ostern. Viele schöne Erinnerungen sind mit diesem Land verbunden, und selbst heute wecken Gerüche nach gebratenen *Fiskekaker* (Fischfrikadellen) oder frischem Hefegebäck ein wohliges, heimeliges Gefühl in mir.

Die bevorzugte geografische Lage Norwegens mit einer Küstenlinie, die sich über tausende von Kilometern entlang des Nordatlantiks und der Barentssee erstreckt, schafft einzigartige Lebensräume für Tiere. Die Verbindung von kalten, klaren Gewässern und dem Einfluss des Golfstroms macht Norwegens Küstenregion zu einem gastronomischen Hotspot für frische, hochwertige Meeresfrüchte und Fischspezialitäten wie Skrei, Lachs, Austern und die arktische Königskrabbe.

Die Wikinger exportierten bereits in der Vergangenheit heimischen Kabeljau in Form von Stockfisch in die ganze Welt. Von Februar bis Mai hängt der Fisch draußen auf Holzgestellen und wird den Naturgewalten an der Küste Nordnorwegens ausgesetzt. Diese jahrtausendealte Trocknungsmethode konserviert den Fisch optimal. Noch heute gelten getrocknete Kabeljauköpfe in Nigeria als Delikatesse, und das portugiesische Nationalgericht *Bacalhau* wäre ohne norwegischen Stockfisch undenkbar.

Die Kirche von Nesseby mit Blick auf den Varangerfjord

Die klimatischen Bedingungen im Landesinneren ermöglichen sowohl Weidewirtschaft als auch Obstanbau in Süd- und Mittelnorwegen. Die Landwirtschaft, oft in Familienhand, liefert erstklassige Zutaten direkt vom Acker auf den Teller oder ins Glas. Obst und Beeren aus Norwegen werden in malerischen Obstbauernhöfen in den Fjorden und Tälern angebaut. Hier kann man selbst Obst pflücken oder an Cider-Verkostungen und Kursen teilnehmen.

Nutztiere wie Schafe, Ziegen und Rinder genießen die langen Sommertage auf den Almen in

der unberührten Natur. Hier entsteht auch der berühmteste norwegische Käse, *Brunost*. Dabei wird Molke so lange eingekocht, bis sie karamellisiert und eine hübsche braune Farbe annimmt. *Brunost* wird sowohl aus Ziegenmilch als auch aus Kuhmilch gewonnen und erinnert geschmacklich ein wenig an *Dulce de leche*. Persönlich liebe ich ihn am meisten auf frisch gebackenem Brot oder auf den von den Norwegern so heißgeliebten Waffeln, am besten noch mit einem Klecks Beerenkonfitüre.

Mit dem Ende des Sommers beginnt das jährliche Zusammentreiben der Schafe, was gleichzeitig *Fårikål*-Zeit bedeutet. Übersetzt bedeutet es „Schaf im Kohl" und gilt als das Nationalgericht des Landes. Neben Lammfleisch bringt die Wildsaison im Herbst weitere köstliche Fleischspezialitäten hervor, darunter Elch, Hirsch, Birk- und Auerhähne. Das Fleisch der Rentiere gilt als besonders mager und schmackhaft. Sie leben im Gegensatz zu Schweden und Finnland wild im Gebirge Süd-Norwegens. Höher im Norden zählt das Moorschneehuhn zu den begehrtesten Wildvögeln unter den Jägern.

SCHWEDEN

Schaut man in Schweden in die Kochtöpfe, offenbart sich nicht nur die Vielfalt der Natur, der Jahreszeiten und kulturellen Traditionen, sondern man begibt sich auch auf eine kulinarische Reise durch den reichen schwedischen Kalender.

Ob nun Mittsommer oder Weihnachten der Höhepunkt der schwedischen Esskultur ist, da scheiden sich die Geister. Das *Julbord*, die Krönung eines jeden Weihnachtsfestes, präsentiert sich wie ein opulentes XXL-*Smörgåsbord*. Auch wenn das *Julbord* als Buffet angerichtet wird und es keine klassische Menüfolge gibt, so startet man doch zunächst mit dem kalten Gang. Es wird Fisch in vielerlei Variationen gereicht, allem voran Heringe. Eine Auswahl an Wurstaufschnitt, Roastbeef und Leberpastete ergänzt das Angebot. Dazu gibt es Knäckebrot und Butter. Der zweite,

Campingurlaub auf Schwedisch

der warme Gang, wird gekrönt vom Weihnachtsschinken. Aber auch die beliebten *Köttbullar* findet man dort, neben geräucherten Würstchen und dem Auflauf *Janssons frestelse*. Weitere beliebte Beilagen sind Rote-Bete-Salat, Kartoffeln, Rotkohl und Grünkohl. Wenn er nicht schon beim Fischgang gereicht wurde, dann gibt es ihn spätestens jetzt – Lachs aus dem Ofen. Manchmal auch das traditionelle aus Stockfisch hergestellte Gericht *Lutfisk*. Zum Abschluss gibt es neben Käse vor allem Süßes: von Plätzchen über das Reisdessert *Ris à la Malta* bis hin zu Konfekt.

Denke ich an Mittsommer, vermischen sich im Geiste die Gemälde von Carl Larsson mit den Erzählungen von Astrid Lindgren. Blonde lachende Kinder mit Blumenkränzen im Haar und lange, mit Köstlichkeiten eingedeckte Tische. Der längste Tag des Jahres begeistert nicht nur durch traditionelle Tänze und die fröhlich geschmückte Mittsommerstange, sondern auch durch kulinarische Köstlichkeiten. Der *Sill*, in Senf, Gemüse oder Dill eingelegter Hering, wird gemeinsam mit Kartoffeln, Sauerrahm und frischem Brot genossen. Die leckeren, sonnenverwöhnten Erdbeeren, die zu dieser Jahreszeit ihre volle Süße entfalten, runden das Festmahl als geliebter Nachtisch ab. Das im August stattfindende Krebsfest, *Kräftskiva*, ist eine Ode an die Lebensfreude. Die Flusskrebse, in einer würzigen Lake gekocht und mit Dill serviert, stehen im Mittelpunkt.

Weißbrot, Västerbotten-Käse und ein Hauch von Schnaps begleiten dieses Fest, das von Gesang, Tanz und einer ausgelassenen Atmosphäre durchdrungen ist.

Und dann wäre da noch die allgegenwärtige Tasse Kaffee für einen Plausch zwischendurch. Beliebt bei allen Skandinaviern, doch die Schweden haben dafür sogar ein eigenes Wort: *Fika* – man trifft sich mit Familie, Freunden oder bei der Arbeit mit Kollegen. Ein Moment nicht nur für süße Leckereien, sondern ein Herzschlag der schwedischen Lebensfreude.

Eines der bekanntesten und beliebtesten Gebäckstücke Schwedens ist sicherlich die Zimtschnecke. Aber die schwedische Backkunst hat noch so viel mehr zu bieten, ich denke nur an *Kladdkaka* (Schokoladenkuchen), saftige *Jordgubbstårta* (Erdbeertorte) und schließlich die Krönung aller Torten, die *Prinsesstårta* (Prinzessinnentorte).

FINNLAND

Für viele ist Finnland das wohl unbekannteste Land im Norden. Für mich hingegen inzwischen das vertrauteste. Zwischen Schweden und Russland gelegen, stand Finnland unter deren wechselnder Herrschaft. Viele finnische Rezepte sind Zeugnis dieser verschiedenen Einflüsse aus Ost und West. So haben vor allem in Ostfinnland Ofengerichte wie Aufläufe und Pasteten eine lange Tradition. Aus Russland stammen ganz unverkennbar unzählige *Piirakka*-Variationen. Das finnische Wort *Piirakka* wird im Deutschen gerne mit Pirogge übersetzt. Dabei bedeutet es eigentlich Pastete und bezeichnet damit jede Art von gefülltem Gebäck, sowohl kleine Teilchen als auch Kuchen und Quiches, egal ob süß oder herzhaft. Am bekanntesten dürften wohl *Karjalanpiirakka* sein (Gebäck aus Roggenteig und Milchreis). Auch Gerichte wie *Borschtsch* (Rote-Bete-Eintopf) oder die Oster-Quarkspeise *Pasha* können ihren russischen Ursprung nicht verleugnen.

Im schwedisch geprägten Westfinnland hingegen liegt der Fokus auf gedünstetem oder geräuchertem Fisch. Die Vorliebe für süßes Brot unterscheidet sich hier von der östlichen Tradition. Es gibt zahlreiche Gerichte, die dem Namen nach den schwedischen Einfluss widerspiegeln. Wie zum Beispiel *Smörgåstårta – Voileipäkakku* (Butterbrottorte), *Pepparkakor – Piparkakku* (Pfefferkuchen) oder *Pyttipanna – Pyttipannu* (Restepfanne). Auch die Tradition, donnerstags Erbsensuppe in Schulen und den meisten Restaurants zu servieren, hat sich erhalten.

Neben der wechselhaften Geschichte Finnlands findet man vor allem die sehr unterschiedlichen Landschaften des Landes in den regionalen Zutaten und Rezepten wieder. Das arktische Lappland ist ein Ort der Extreme und selbst für manche Finnen eine exotische Provinz. Lange, dunkle Winter mit Temperaturen bis zu –40 °C und Sommer mit endlosen Tagen und hellen Nächten dank der Mitternachtssonne. Trotz dieser unwirtlichen Bedingungen gedeihen hier einzigartige wild wachsende Delikatessen, wie zum Beispiel Moltebeeren. Gerade im Herbst verwandelt sich ganz Lappland in eine kulinarische Schatzkiste. Die Samen, das letzte indigene Volk Europas, haben hier einst vor allem mit und vom Rentier gelebt. Rentier wird geschmort, geräu-

Fischerdorf Käringsund, Åland-Inseln

chert oder als Wurst zubereitet. Kein Wunder also, dass Rentiergeschnetzeltes selbst auf den Menükarten in der Hauptstadt Helsinki zu finden ist. Ganz anders sah von jeher das Leben der Menschen in den Küstenregionen und der Schärenlandschaft aus. Hier lebte man schon immer vom Meer. Ostseeheringe in allen Variationen, ob als kleine Strömlinge gebraten oder in Sud mit Gewürzen und Gemüse eingelegte Heringe. Den Fischreichtum in der finnischen Küche verdankt man jedoch nicht nur dem Meer, sondern auch dem sprichwörtlichen „Land der tausend Seen“. Die Seenplatte im Osten Finnlands ist nicht nur für seine Fischdelikatessen wie *Kalakukko*, Fisch und Fleisch in Brotteig gebacken, oder *Muikut*, kleine Maränen, bekannt. Mit seinen großen Waldflächen ist diese Region auch ein Paradies für Jäger und Sammler. So stehen hier gerne mal Wildgerichte auf dem Tisch, die mit verschiedenen Beeren und Pilzen ergänzt werden. Dank dem finnischen „Jedermannsrecht“ kann man sich nach Lust und Laune in den Wäldern aufhalten und Beeren und Pilze sammeln.

Aber um noch einmal auf die Frage zurückzukommen, was die skandinavische Küche denn nun eigentlich so einzigartig macht? Letztendlich machen die Menschen, die sie kochen, die Küche aus. Skandinavier lieben das Einfache – Schnickschnack und Firlefanz entsprechen einfach nicht ihrer Natur. Ähnlich wie im skandinavischen Design gilt also auch am Kochtopf: Weniger ist in der Regel mehr.

FRÜHSTÜCK

Der Tag im Norden Europas beginnt in der Regel mit einem reichhaltigen Frühstück. Ob klassischer Porridge-Typ oder Fisch-Fan, für Auswahl ist gesorgt, von herzhaft bis süß kommen allerlei Köstlichkeiten auf den Frühstückstisch. Eine dampfende Kanne Kaffee inklusive. Die Vorliebe für das Getränk aus den braunen Bohnen vereint schließlich alle Skandinavier. Die Liebe zu Haferbrei oder anderen Getreideflocken, Milchprodukten sowie selbstgepflückten Beeren ebenso. Weder in Norwegen noch in Schweden darf eine Tube der geliebten Kabeljaurogen-Creme fehlen! Dazu Knäckebrot und einige Scheiben hart gekochtes Ei. Am Wochenende kann es dann auch schon mal etwas ausgefallener sein – mit gebeiztem Lachs, eingelegten Heringen oder Pfannkuchen. In Dänemark lohnt sich auf jeden Fall der morgendliche Besuch in einer Bäckerei. Die Auswahl reicht von Boller, süßen Milchbrötchen, bis hin zu Tebirkes, Blätterteigbrötchen mit Mohn oder Sesam. Von den Zimtschnecken ganz zu schweigen!

Hafergrütze mit Waldbeeren

HAFERGRÜTZE MIT WALDBEEREN

Gröt · Grød · Grøt · Puuro

Zutaten für 2 Portionen

40 g Nüsse oder Mandeln
1 Tasse grobe Haferflocken
1 Prise Salz

Zum Servieren:
40 g Nüsse oder Mandeln
100 g frische wilde Beeren
(z. B. Blaubeeren,
Walderdbeeren)

Die morgendliche Schüssel leicht salziger Grütze ist aus dem Alltag in Skandinavien kaum wegzudenken. Dazu Beeren aus den nordischen Wäldern – gesünder kann man in den Tag nicht starten!

Die Nüsse oder Mandeln halbieren und bei mittlerer Hitze in einer kleinen Pfanne ohne Fett rösten und danach abkühlen lassen. Die Haferflocken kurz in einem Topf ohne Fett anrösten. 2 bis 3 Tassen Wasser in den Topf geben und aufkochen. Anschließend auf niedrige bis mittlere Hitze schalten und unter ständigem Rühren ca. 8 Minuten köcheln lassen. Abschließend nach Belieben salzen. Die Grütze auf zwei Schüsseln verteilen, mit Beeren und Nüssen garnieren.

PORRIDGE AUS DEM OFEN

Uunikaurapuuro

Zutaten für 4 Portionen

1 TL Butter
3 säuerliche Äpfel
50 g Mandeln oder Nüsse
150 g Preiselbeeren
(frisch oder TK)
500 ml Milch oder Hafermilch
150 g kleinblättrige Haferflocken
2 EL Ahornsirup
½ TL Kardamom
½ TL Salz

Typisch finnisch und eine wunderbare Alternative in der kalten Jahreszeit: Der Ofen-Porridge – gebacken statt gerührt. Zusammen mit Obst oder Beeren erinnert er ein wenig an einen Crumble.

Den Backofen auf 200 °C vorheizen. Eine etwa 15 x 20 cm große Auflaufform mit Butter einfetten.
Die Äpfel waschen oder schälen, vom Kerngehäuse befreien und in mundgerechte Stücke schneiden. Die Mandeln oder Nüsse hacken und dann mit den Apfelstückchen und Preiselbeeren in die Auflaufform schichten. Die Haferflocken darüber streuen. Zu guter Letzt die Milch mit Sirup, Salz und Kardamom vermischen und darüber gießen. Den Porridge etwa 35–40 Minuten im Ofen backen.

PFEFFERKUCHEN-GRANOLA

Pepparkakor-Granola

Zutaten für 6–8 Portionen

350 g grobe Vollkornflocken
(Hafer, Roggen, Gerste und /oder Dinkel)
100 g Mandeln, halbiert
50 g Buchweizen
100 g Haselnüsse, halbiert
100 ml Rapsöl
150 ml Ahornsirup oder Honig
100 g Farinzucker
½ TL Salz
½ TL Ingwer, gemahlen
2 TL Zimt, gemahlen
1 Msp. Nelken, gemahlen
½ TL Pomeranze, gemahlen
oder 2 TL Bio-Orangenschale, gerieben

Wenn der Duft von Zimt, Kardamom, Ingwer und Nelken das ganze Land durchzieht, dann ist Weihnachtszeit in Schweden – es werden Pepparkakor gebacken. Eine köstliche Alternative dazu ist hausgemachtes Granola, verfeinert mit weihnachtlichen Gewürzen. Dazu serviert man fil (Dickmilch), den Liebling am schwedischen Frühstückstisch.

Den Backofen auf 160 °C vorheizen.
Vollkornflocken, Mandeln, Buchweizen und Haselnüsse in eine große Schüssel geben und vermischen. In einem Topf bei mittlerer Hitze Öl, Ahornsirup und braunen Zucker unter häufigem Rühren vermengen, bis sich der Zucker aufgelöst hat, die Gewürze unterrühren und dann zu der Flocken-Nuss-Mischung geben und verrühren.
Die Mischung auf zwei mit Backpapier ausgelegte Backbleche geben und gleichmäßig verteilen.
Nun beide ca. 15 Minuten backen. Dann herausnehmen und das Granola auf den Blechen wenden und nun das untere und obere Backblech vertauscht zurück in den Ofen geben und weitere 10–15 Minuten lang backen. Sobald das Granola goldbraun ist, aus dem Backofen holen. Eventuell wirkt es jetzt noch etwas soft, es wird beim Abkühlen knusprig. Das Granola bei Raumtemperatur abkühlen lassen. In einem luftdichten Behälter ist es bis zu 4 Wochen haltbar.

PREISELBEER-GRIESS-CREME

Vispipuuro

Zutaten für 4 Portionen

300 g Preiselbeeren, frisch oder TK
100 g Vollrohrzucker
2 TL Vanillezucker
1 Prise Salz
150 g Weichweizengrieß

Zum Servieren:
kalte Milch, nach Belieben

Durch einen kleinen Kunstgriff wird aus dem klassischen Grießbrei eine fluffige stichfeste Creme und erinnert eher an ein fruchtig-leichtes Dessert, als an einen Frühstücksbrei. Ob klassisch zum Frühstück oder als Dessert mit aufgeschlagener Sahne oder einfach mal so zwischendurch – ich könnte es immer essen!

1,5 l Wasser, Preiselbeeren, Zucker, Vanillezucker und Salz in den Topf geben und zum Kochen bringen. Dann ca. 10 Minuten leicht köcheln lassen, bis die Preiselbeeren geplatzt sind. Den Grieß dazugeben und mit einem Schneebesen unterrühren. Bei schwacher Hitze ca. 5 Minuten köcheln lassen, bis der Brei andickt. Vom Herd nehmen und erkalten lassen. Am besten über Nacht kalt stellen, damit der Brei aushärten kann.
Morgens den Brei mit einem Rührgerät oder Schneebesen fluffig aufschlagen. Mit Milch oder Schlagsahne servieren.
Alternativ die Schüssel mit dem noch warmen Brei beim Aufschlagen in eiskaltes Wasser stellen.

TIPP: Anstatt Preiselbeeren kann man für dieses Rezept auch rote Johannisbeeren verwenden. Für süßere Früchte, wie zum Beispiel Blaubeeren oder Himbeeren nimmt man einen höheren Fruchtanteil.

VARIANTE:

BLAUBEER-GRIESS-CREME

1,5 l Wasser, 600 g Blaubeeren, frisch oder TK
60 g Vollrohrzucker
1 Prise Salz, 2 TL Vanillezucker
150 g Weichweizengrieß

Oben: Ei-Sprotten-Salat,
unten: Kalles Kaviar-Brot

EI-SPROTTEN-SALAT

Gubbröra

Zutaten für 2 Portionen

125 g Ansjovisfilets (Appetitsild)
1 kleine rote Zwiebel
3 Eier, hart gekocht
3–4 EL Schmand
½ TL milder Senf
Salz & weißer Pfeffer
2 EL Schnittlauch, gehackt
2 EL Dill, gehackt

Den unverwechselbaren Geschmack der „Alt-Männer-Mischung", was Gubbröra wörtlich übersetzt heißt, verdankt er den typisch würzigen schwedischen Ansjovis.

Die Ansjovis abtropfen lassen und in kleine Stücke schneiden. Die Zwiebeln und Eier schälen und klein würfeln. In einer Schüssel Schmand mit Senf, Salz und Pfeffer verrühren. Zwiebel, Eier und Ansjovis unterheben und zum Schluss die gehackten Kräuter dazugeben.
Mit Roggen- oder Knäckebrot servieren.

KALLES KAVIAR-BROT

Kalles kaviarmacka

Zutaten für 2 Portionen

2 Scheiben Roggenbrot oder Knäckebrot
Butter
3 Eier, hart gekocht
Fischrogenpaste (Kalles Kaviar)
Optional: Dill oder Schnittlauch

Der weltweit bekannte Brotaufstrich aus der Tube besteht aus geräuchertem Rogen von Dorsch und Seelachs und wird in Schweden hergestellt. Gegessen wird er allerdings in ganz Skandinavien gerne.

Die Brotscheiben mit Butter bestreichen. Die Eier schälen und mit einem Eischneider oder Messer in Scheiben schneiden. Die Eischeiben fächerartig auf den Broten verteilen und mit der Fischrogenpaste und Kräutern verzieren.

SÜSSE MILCHBRÖTCHEN

Boller

Zutaten für 15 Stück

250 ml Milch
60 g Zucker
25 g frische Hefe
500 g Weizenmehl (Type 405)
½ TL Salz
1 Ei (Raumtemperatur)
1 TL Vanillezucker
1 TL gemahlener Kardamom
80 g Butter
1 Ei zum Bestreichen
Optional: 100 g dunkle Schokolade, gehackt oder Rosinen

In Norwegen und Dänemark sind Brötchen aus Hefeteig besonders beliebt und werden überall angeboten. In den norwegischen Cafés gibt es beim Kauf eines Milchbrötchens automatisch ein Stückchen Butter und Konfitüre dazu.

Milch in einem Topf handwarm erwärmen, 1 EL Zucker und die zerbröckelte Hefe dazugeben. Verrühren, bis sich die Hefe aufgelöst hat. Mehl, restlichen Zucker, Salz, Ei, Vanillezucker und Kardamom zusammen mit der Hefemilch in eine Rührschüssel geben und mit der Küchenmaschine auf niedriger Stufe ca. 8 Minuten verkneten. Dann die Butter zu dem Teig geben und weitere 5 Minuten bei mittlerer Geschwindigkeit kneten, bis der Teig sehr elastisch ist und sich von der Schüssel löst. Wer mag, kann nun die Boller noch mit Schokolade oder Rosinen verfeinern und unter den Teig kneten.
Den Teig abgedeckt etwa 1–2 Stunden an einem warmen Ort gehen lassen, bis sich das Volumen verdoppelt hat. Den gegangenen Teig auf ein bemehltes Brett geben und in 15 Stücke teilen. Die Teigstücke zu Kugeln rollen und auf ein mit Backpapier ausgelegtes Backblech setzen.
Nochmals 30 Minuten gehen lassen. Ofen auf 200 °C vorheizen. Die Brötchen mit verquirltem Ei bestreichen, ca. 15–20 Minuten backen, bis sie goldbraun sind.
Am besten schmecken die Boller frisch aus dem Ofen mit ein wenig gesalzener Butter.

TIPP: Wie jedes Hefegebäck lassen sich auch diese Brötchen wunderbar einfrieren. Gefrorene Brötchen bei Bedarf etwa 5 Minuten bei 160 °C im Backofen aufwärmen.

OFENPFANNKUCHEN

Ugnspannkaka · Pannukakku

Zutaten für 4–6 Portionen

3 Eier, 800 ml Vollmilch, 1 TL Backpulver, 250 g Mehl, ½ TL Salz
50 g Zucker, 1 Msp. Vanille-Extrakt, 100 g Butter

Pfannkuchen sind unwiderstehlich! Oft sind sie schneller gegessen, als man sie backen kann. Die Skandinavier haben eine clevere Lösung: Sie backen sie im Ofen. So spart man Zeit und jeder bekommt schnell seinen Nachschub, ob zum Frühstück, als Mittagessen oder zum Kaffee.

Die Eier mit einem Rührgerät schaumig schlagen. Dann abwechselnd die Milch und das mit dem Backpulver vermischte Mehl hinzugeben. Zum Schluss Salz, Zucker und Vanille-Extrakt unterrühren und mindestens 30 Minuten quellen lassen. Den Backofen auf 225 °C Ober-/Unterhitze vorheizen.
In eine große Auflaufform oder ein Backblech mit hohem Rand die Butter geben und in den heißen Ofen schieben. Die Butter in der Form schmelzen lassen. Dann wieder herausnehmen und die geschmolzene Butter in der Form gleichmäßig verteilen. Nun den Teig dazugießen und wieder ab damit in den Ofen. 25–30 Minuten goldbraun backen. Wundert euch nicht, der Teig geht zunächst ganz schön auf, fällt aber dann wieder in sich zusammen, sobald er aus dem Ofen kommt.
Warm servieren und dazu Schlagsahne, Konfitüre oder frische Beeren reichen.

VARIANTE 1:

OFENPFANNKUCHEN MIT BLAUBEEREN

Grundteig + 200 g Blaubeeren

Die Blaubeeren direkt auf dem Pfannkuchenteig verteilen und mitbacken.

VARIANTE 2:

OFENPFANNKUCHEN MIT SCHINKEN

Grundteig ohne Zucker und Vanille-Extrakt + 150 g Schinken
oder durchwachsener Speck

Den Schinken in mundgerechte Stücke schneiden und direkt mit der Butter in die Pfanne geben, leicht anbraten und erst dann den Pfannkuchenteig darauf verteilen.
Dazu reicht man Preiselbeerkompott.

SUPPEN & SALATE

In Skandinavien erfreuen sich Suppen und Salate gerade als Mittagessen großer Beliebtheit. Traditionelle Suppen wie herzhafte Erbsensuppe mit gepökeltem Schweinefleisch oder köstliche Fischsuppen stehen hoch im Kurs. Die verwendeten Zutaten sind häufig saisonal und regional, von frischem Fisch wie Lachs und Kabeljau bis zu heimischem Gemüse wie Kartoffeln und Karotten. Diese Suppen sind nicht nur nahrhaft und wärmend, sondern auch schnell zubereitet.
Ebenso punkten die Salate in Skandinavien mit ihrer gesunden und farbenfrohen Vielfalt. Beliebte Salatkreationen vereinen häufig Fisch, wie geräucherten Lachs oder Hering, mit knackigem Gemüse wie Gurken, Radieschen und Rote Bete. Die Dressings sind meist leicht und bestehen aus natürlichen Zutaten wie Rapsöl, Zitronensaft oder Essig und aromatischen Kräutern wie Dill und Schnittlauch.

TAATUSTI
SUOMESTA

ERBSENSUPPE MIT GEPÖKELTEM SCHWEINEFLEISCH

Ärtsoppa · Hernekeitto

Zutaten für ca. 6 Portionen

500 g getrocknete grüne Erbsen
1 große Zwiebel
2 TL getrockneter Majoran
400 g Schweinebauch oder -haxe, gepökelt (ersatzweise Kassler)
Salz
weißer Pfeffer

Zum Servieren:
Senf und Brot mit Butter

In Schweden und Finnland wird donnerstags traditionell Erbsensuppe serviert, eine Tradition, die auf das Fastengebot der katholischen Kirche am Freitag im Mittelalter zurückgeht. Das Rezept verbreitete sich von Schweden nach Finnland und wird oft mit Eisbein oder Schinken, aber auf jeden Fall mit Senf serviert. In Finnland folgt häufig Ofenpfannkuchen mit Beerenkonfitüre auf die Suppe.

Die Erbsen abspülen und dann in 3 l Wasser 8–10 Stunden oder über Nacht einweichen. Das Wasser abseihen und in 2 l frischem Wasser aufkochen. Die Zwiebel schälen und fein hacken. Dann zusammen mit dem Majoran und dem Schweinebauch zu den Erbsen geben und auf kleiner Hitze 3–4 Stunden köcheln lassen. Regelmäßig umrühren und gegebenenfalls etwas Wasser hinzufügen, falls die Suppe zu fest wird. Zum Abschluss, wenn die Erbsen schön zerfallen sind und eine sämige Suppe entstanden ist, den Schweinebauch herausnehmen und die Suppe mit Salz und Pfeffer abschmecken. Die Schwarte des Schweinebauches entfernen und in Stückchen schneiden oder einfach etwas auseinanderrupfen. Für gewöhnlich sollte das Fleisch nun fast wie Pulled Pork zerfallen. Die Erbsensuppe auf die Teller verteilen, einen Löffel Fleisch in der Mitte drapieren und mit Senf servieren. Dazu reicht man Brot mit Butter.

TIPP: Erbsensuppe lässt sich hervorragend einfrieren. Es lohnt sich also immer, eine größere Menge zu kochen.

LACHSSUPPE

Laxsoppa · Lohikeitto

Zutaten für 4 Portionen

700 ml Fischfond
2 Schalotten, gehackt
6 Pimentkörner
2 Lorbeerblätter
6 große festkochende Kartoffeln
200 ml Sahne
500 g frisches Lachsfilet
Pfeffer und Salz
1 Bund frischer Dill

Eine cremige Lachssuppe mit Kartoffeln, Dill und viel frischem Lachs gehört in Finnland und Schweden zu den absoluten Lieblingsgerichten. Anders als in Südeuropa kommt in die Fischsuppen der Länder des hohen Nordens reichlich Sahne oder Sauerrahm.

300 ml Wasser und Fischfond in einem großen Topf erhitzen. Die gehackten Zwiebeln, Piment und Lorbeerblätter dazugeben.
Die Kartoffeln schälen und in 2–3 cm große gleichmäßige Würfel schneiden. In die kochende Brühe geben und fast gar kochen, etwa 10–15 Minuten. Sahne hinzufügen und weiter köcheln lassen. Die Haut vom Lachs entfernen. Das Lachsfilet auch in etwa 2–3 cm große Würfel schneiden und die Würfel ebenfalls in die Suppe geben. Die Hitze reduzieren und etwa 4 Minuten simmern lassen. Die Suppe sollte nicht mehr kochen, sonst wird der Lachs zu trocken. Mit Salz und Pfeffer abschmecken und mit reichlich gehacktem Dill bestreuen. Mit Roggenbrot und Butter servieren.

CREMIGE PILZSUPPE

Svampsoppa · Soppsuppe · Sienikeitto

Zutaten für 4 Portionen

250 g Steinpilze, Pfifferlinge oder Champignons
1 Zwiebel
½ TL Salz
1 Prise schwarzer Pfeffer
2 EL Butter
4 EL Weizenmehl
2 EL Gemüsebrühe (Pulver)
200 ml Schlagsahne
1 EL frische Petersilie, gehackt

Auch wenn ich seit meiner Kindheit im Gegensatz zu den meisten Skandinaviern keine tiefe Liebe für Pilze hege – eine Marotte, die ich meinen Eltern verdanke, die auf einem Roadtrip zum Nordkap an keinem Pilz vorbeigehen konnten und mir so eine Zeitlang den Appetit darauf verdarben – war diese Suppe für mich ein echtes kulinarisches Erweckungserlebnis.

Die geputzten Pilze und die geschälte Zwiebel hacken. Die Pilze in einen Topf geben und kochen lassen, bis der größte Teil der Flüssigkeit verdampft ist. Salz und Pfeffer hinzufügen und dann auf einen Teller geben. Nun die Butter in dem Topf schmelzen und die Zwiebeln darin anschwitzen. Das Mehl unter die Zwiebeln mischen. 700 ml Wasser in einem dünnen Strahl in den Topf geben und dabei ständig umrühren. Gemüsebrühe (Pulver) und Pilze hinzugeben. Bei schwacher Hitze zugedeckt etwa 5 Minuten köcheln lassen. Sahne hinzufügen, aber nicht wieder kochen, nur erhitzen und dann mit Petersilie bestreut servieren.

TIPP: Frische Pilze können durch getrocknete Pilze ersetzt werden. 1 Tasse getrocknete Pilze in 3 Tassen Wasser etwa 30 Minuten einweichen. Das Einweichwasser kann man als Suppenflüssigkeit verwenden.

GRÜNKOHLSALAT MIT BLAUSCHIMMELKÄSE

Grönkålssallad med ädelost · Grønkålssalat med blåskimmelost

Zutaten für 4 Portionen

200 g Grünkohl
300 g grüne Weintrauben
150 g Blauschimmelkäse
(z.B. Danablu oder Roquefort)
75 g Walnüsse

Vinaigrette:
3 TL Apfelessig
3 EL Walnussöl
3 TL Akazienhonig
1 TL Dijonsenf
Salz & Pfeffer

Grünkohlsalat ist ein vitaminreicher Salat, der perfekt für den Winter geeignet ist. In Dänemark und Schweden gehört dieser köstliche Salat seit jeher zum traditionellen Weihnachtsbuffet. Er wird gerne mit süßen Trauben, knusprigen Nüssen und cremig-herzhaftem Blauschimmelkäse verfeinert, was ihn zu einer wahren nordischen Umami-Bombe macht.

Den Grünkohl waschen und die Stiele entfernen. Die Grünkohlblätter klein schneiden. Alle Zutaten für die Vinaigrette gut verrühren und über den Grünkohl geben und untermischen.
Die Trauben waschen und halbieren. Den Blauschimmelkäse in mundgerechte Stücke zerteilen. Dann die Walnüsse in einer Pfanne ohne Fett bei mittlerer Hitze rösten, bis sie anfangen zu duften. Dabei immer wieder umrühren, damit sie nicht anbrennen. Nun Trauben, Nüsse und Käse über den Salat geben, unterheben, nochmal abschmecken und dann servieren.

SALATPLATTE NACH NORDISCHER ART

Salade nordique

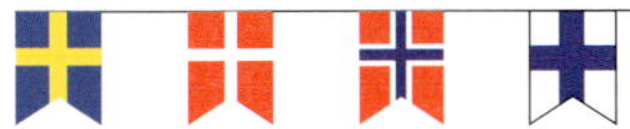

Zutaten für 2 Portionen

6 kleine neue Kartoffeln
200 g grüne Bohnen
3 hart gekochte Eier
½ Fenchel, 6 Radieschen, 1 Apfel
2 Handvoll Blattsalat
300 g warm geräucherter Lachs (Stremellachs)
1 EL Kapern, frischer Dill oder Fenchelgrün
Gurkensalat (Seite 45)

Vinaigrette:
60 ml Rapsöl, 2 EL Zitronensaft, 1 TL grobkörniger Senf
1 EL fein gehackte Schalotte
1 EL gehackter frischer Dill oder Fenchelgrün
¼ TL Salz, frisch gemahlener weißer Pfeffer
1–2 TL frisch geriebener oder zubereiteter Meerrettich
1 Prise Zucker

Ein nordisch inspirierter Salade Niçoise: Zarter geräucherter Lachs, knackige grüne Bohnen, herzhafte Kartoffelscheiben und rote Zwiebelringe harmonisch arrangiert auf einem frischen gemischten Salatbett. Abgerundet mit einem erfrischenden Zitronen-Dill-Dressing verschmilzt dieser Salat auf köstliche Weise zu einem wahren Gaumenschmaus auf skandinavische Art.

Die Kartoffeln gut waschen und mit der Schale in Wasser etwa 20 Minuten garkochen. Während der letzten Minuten kann man die Bohnen noch mit in den Topf geben, um sie kurz zu blanchieren. Dann alles abtropfen lassen und unter kaltem Wasser abschrecken. Je nach Gusto können die Kartoffeln halbiert oder geviertelt werden. Die Eier schälen und halbieren.
Für das Dressing alle Zutaten in eine kleine Schüssel geben und mit einer Gabel gut verrühren und dann noch mal abschmecken. Anschließend den Fenchel, die Radieschen und den Apfel putzen bzw. abwaschen und alles in dünne Scheiben schneiden.
Nun kann man den Salat anrichten. Am besten man startet mit dem Blattsalat und arbeitet sich mit dem restlichen Gemüse weiter vor. Zum Schluss setzt man die Eier, den Gurkensalat und den Lachs auf den Salat und bestreut ihn mit Kapern und frischem Dill.
Die Salatsauce separat reichen und dazu Knäckebrot und Butter servieren.

Rotkohlsalat

ROTKOHLSALAT

Rödkålssallad · Rødkålssalat

Zutaten für 4 Portionen

½ kleiner Rotkohl
½ rote Zwiebel
1 Apfel

Vinaigrette:
3 EL Rapsöl
2 EL Apfelessig
1 TL Honig
1 TL Dijonsenf
Salz & Pfeffer

Optional: Dill oder Petersilie, Granatapfelkerne, Apfelsinen, Nüsse, Feta

Rotkohlsalat schmeckt perfekt als Beilage zu Fleisch oder aber auch solo als Hauptgericht mit Walnüssen und Feta. Gerne wird dieser Rohkostsalat auch mit Weißkohl oder Karotten gemischt.

Den Rotkohl vom Strunk befreien und in feine Streifen schneiden oder auf einem Küchenhobel fein hobeln. Die Zwiebel schälen und in dünne Scheiben schneiden. Den Apfel waschen, vierteln, entkernen und in feine Scheiben schneiden. Für das Dressing alle Zutaten miteinander vermengen und das Dressing gut in den Kohl einmassieren, damit er weicher wird. Zum Schluss die restlichen Zutaten unterheben und mit Salz, Pfeffer und gegebenenfalls weiterem Honig abschmecken.

ROTE-BETE-SALAT

Rödbetssallad · Russisk Salat

Zutaten für 4–6 Portionen

500 g Rote Bete
(gekocht oder eingelegt)
1 Apfel
1 Gewürzgurke
150 g saure Sahne oder Schmand
50 g Mayonnaise
2 EL Apfelessig
Salz
frisch gemahlener schwarzer Pfeffer

Optional: 1–2 TL geriebener Meerrettich

Egal ob kunstvoll auf einem Smørrebrød drapiert oder als Beilage zu Fleischbällchen – Rote-Bete-Salat ist nicht wegzudenken aus der skandinavischen Küche!

Die Rote Bete in kleine Würfel schneiden. Den Apfel schälen, vom Kerngehäuse befreien und ebenfalls klein schneiden. Die Gewürzgurke sehr fein hacken. Dann alle restlichen Zutaten in eine große Schüssel geben, ordentlich durchrühren und die Rote Bete, den Apfel und die Gewürzgurke hinzugeben. Zum Schluss abschmecken und einfach genießen.

GURKENSALAT

Pressgurka · Agurkesalat · Agurksalat · Hölskykurkut

Zutaten für 4–6 Portionen

100 ml Weißweinessig
60 g Zucker
1 Prise Salz, jodfrei (optional 2 TL)
1 Prise weißer Pfeffer, gemahlen
2–3 EL Dill, gehackt

Eine der einfachsten, aber dennoch aromatischsten und erfrischendsten Beilagen. Er ist quasi ein Grundnahrungsmittel in Skandinavien. Ob man die Gurken vor dem Marinieren salzt und auspresst oder nicht – er passt perfekt zu Fisch, insbesondere gebackenem Lachs, und natürlich zu Köttbullar.

Für die schnelle Zubereitung erhitzt man Essig, Wasser (100 ml), Zucker und Salz, bis sich der Zucker auflöst. Die Gurke wird in feine Scheiben gehobelt und in eine Schüssel gegeben. Anschließend übergießt man die Gurkenscheiben mit dem warmen Sud und fügt den Dill hinzu. 30 Minuten ziehen lassen und im Kühlschrank aufbewahren, dort bleibt der Salat mehrere Tage frisch.
Wenn man mehr Zeit zur Verfügung hat, die Gurkenscheiben mit 2 TL Salz einreiben, einen Teller darauflegen und beschweren. Nach 60 Minuten Gurken kräftig auspressen, Wasser abgießen und mit dem Sud marinieren, wie oben beschrieben.

VARIANTE 1:

GURKENSALAT MIT RADIESCHEN

Anstatt einer Salatgurke nur eine halbe und ein Bund Radieschen (ebenfalls in feine Scheiben gehobelt) verwenden. Und in den Sud zusätzlich 1 TL Wacholderbeeren geben. Ansonsten wie oben beschrieben verfahren.
Nicht wundern, der Sud verfärbt sich nach einer Zeit rosa.

VARIANTE 2:

GURKENSALAT MIT RHABARBER

Anstatt einer Salatgurke nur eine halbe und 2 Stangen Rhabarber (ebenfalls in feine Scheiben gehobelt) verwenden. In den Sud zusätzlich 1 cm Ingwer, geschält und gerieben geben. Den Dill weglassen, aber ansonsten wie oben beschrieben verfahren.

FLEISCH & GEFLÜGEL

In Dänemark, einem Land mit einer starken agrarischen Tradition, ist Schweinefleisch besonders beliebt. Klassiker wie *Flæskesteg*, ein knuspriger Schweinebraten, sind landesweit bekannt und beliebt. In Schweden wird dem Rindfleisch eine besondere Wertschätzung entgegengebracht, insbesondere dem einheimischen Rindfleisch, das für seine herausragende Qualität und seinen vorzüglichen Geschmack bekannt ist. *Köttbullar*, die berühmten schwedischen Fleischbällchen, sind ein klassisches Gericht, das oft mit Preiselbeeren und Kartoffelpüree serviert wird. Obwohl Fisch und Meeresfrüchte dominieren, wird auch Lammfleisch, vor allem von den saftigen Weiden der Fjordregionen, hoch geschätzt. Zudem erfreut sich Elchfleisch großer Popularität und wird oft als Braten oder Gulasch zubereitet. In Finnland steht Wildfleisch ebenfalls hoch im Kurs. Rentierfleisch, das als besonders mager und schmackhaft gilt, ist ein traditionelles und beliebtes Fleischgericht, das sowohl geräuchert als auch gebraten wird. Mit dem Beginn der Wildsaison im Herbst präsentiert die skandinavische Küche eine Vielzahl weiterer Delikatessen, darunter Hirsch, Birk- und Auerhähne. Höher im Norden zählt das Moorschneehuhn als Delikatesse.

ELCHEINTOPF

Älggryta · Elggryte · Hirvipata

Zutaten für 4 Portionen

700 g Elchfleisch
1 EL Butter
1 TL Salz, schwarzer Pfeffer, frisch gemahlen
2 Zwiebeln
3 Karotten
1 Knoblauchzehe
2 EL Weizenmehl
200 ml Rotwein
1 Rinderbrühwürfel
3 Lorbeerblätter
6 Wacholderbeeren oder 1–2 Wacholderzweige
1 TL getrockneter Thymian
3 EL Preiselbeerkompott (Seite 156)
100 g Preiselbeeren
2 EL Petersilie, gehackt
Optional: 350 g Pfifferlinge, frisch

Elchfleisch als Braten oder in Eintöpfen entfaltet besonders im Herbst, während der Jagdsaison, sein volles Aroma. Als nachhaltige Alternative zu Rindfleisch punktet es nicht nur ökologisch, sondern auch mit einem intensiven Geschmack, der ein wenig an Hirschfleisch erinnert.

Das Fleisch in mundgerechte Stücke schneiden. Das Fleisch portionsweise in Butter in einem Topf anbraten, salzen und pfeffern. Die Zwiebeln und die Knoblauchzehe schälen und fein hacken, dazugeben und glasig dünsten. Das Weizenmehl darüber streuen und mit den Fleischstücken vermischen.
Mit Wein ablöschen, etwas einkochen lassen und dann mit 700 ml Wasser aufgießen. Rinderbrühwürfel, Lorbeerblätter, Wacholderbeeren und Gewürze dazugeben. Dann für mindestens 2 Stunden köcheln lassen. Nach der Hälfte der Garzeit die geschälten und in mundgerechte Stücke geschnittenen Karotten zufügen. Zum Schluss den Eintopf mit Preiselbeermarmelade und eventuell mehr Salz und Pfeffer abschmecken.
Wenn man Pfifferlinge hat, diese kurz separat in Butter anbraten und dann zusammen mit den Preiselbeeren unterheben. Mit frischer Petersilie garnieren und mit den gekochten Kartoffeln sowie Preiselbeerkompott servieren.

RENTIERGESCHNETZELTES

Renskav · Finnbiff · Poronkäristys

Zutaten für 4 Portionen

500 g Rentier- oder Elchfleisch
1 EL Butter oder Schweinefett
150 g gewürfelter Speck
½ TL Salz
frisch gemahlener schwarzer Pfeffer

Zum Servieren:
Kartoffelpüree und Preiselbeerkompott (Seite 156)

Rentierfleisch ist mehr als nur Nahrung – es ist ein kulturelles Erbe. Noch heute pflegen viele Samen, das indigene Volk der nördlichen skandinavischen Regionen, die traditionelle Rentierzucht. In Finnland, Schweden und Norwegen gilt es als echte Delikatesse. Für dieses traditionelle Sami-Gericht wird das Fleisch hauchdünn geschnitten – am besten, wenn es leicht gefroren ist, fast wie „hobeln".

Entweder man kauft das Rentierfleisch schon für Geschnetzeltes vorgeschnitten, gibt es in Lappland in jedem Supermarkt in der Kühltheke. Oder man schneidet das Fleisch selbst in sehr dünne Scheiben. Das geht am besten, wenn es noch gefroren ist. Man könnte auch sagen, man hobelt es runter.
Zunächst zerlässt man die Butter in einer Pfanne und bräunt die Speckwürfel darin. Danach röstet man das Fleisch portionsweise darin an. Nach und nach alles Fleisch hinzufügen und gut bräunen. Dann mit 100 ml lauwarmem Wasser angießen und in einem Topf ca. 25–40 Minuten köcheln lassen, bis das Fleisch zart ist. Optional können hier auch einige Wacholderbeeren hinzugefügt werden. Falls nötig, weiteres Wasser ergänzen. Zum Abschluss mit Salz und Pfeffer abschmecken.
Das Rentiergeschnetzelte zusammen mit Kartoffelpüree und reichlich Preiselbeerkompott servieren.

TIPP: In Schweden und Norwegen wird das Rentiergeschnetzelte gerne noch mit Sahne und Pilzen verfeinert.

NORWEGISCHER LAMMEINTOPF

Fårikål

Zutaten für 4 Portionen

1 Weißkohl (ca. 1 kg)
1 kg Lamm- oder Hammelfleisch mit Knochen in große Stücke geschnitten (Schulter, Keule, Nacken)
30 schwarze Pfefferkörner
Salz

Zum Servieren:
ca. 800 g Kartoffeln
Preiselbeerkompott (Seite 156)

Wenn der Herbst vor der Türe steht und es draußen kälter wird, versammeln die Norweger ihre Freunde und Familie um den Esstisch, um gemeinsam Fårikål zu schlemmen. Norwegens Nationalgericht besteht aus vier Hauptzutaten: Lammfleisch, Kohl, Salz und Pfeffer. Die Tatsache, dass die Kohlernte mit der Schlachtzeit für Lamm zusammenfällt, hat wahrscheinlich zur Popularität des Lammeintopfs beigetragen.

Den Kohl in dicke Spalten schneiden und zusammen mit den Lammstücken in einen großen Topf schichten. Alles leicht salzen und mit den Pfefferkörnern bestreuen. Zum Schluss alles mit Wasser knapp bedecken und zum Kochen bringen. Bei mittlerer Hitze 60–90 Minuten kochen, bis das Fleisch zart ist. Die Brühe mit Salz und Pfeffer abschmecken, dabei darf der Pfeffergeschmack ruhig hervortreten.
Das Gericht mit Kartoffeln oder hauchdünnem Knäckebrot namens Flatbrød servieren. Dazu noch selbstgemachtes Preiselbeerkompott – perfekt!

TIPP: Wie bei allen Eintöpfen schmeckt auch Fårikål am besten, wenn es am nächsten Tag nochmals aufgewärmt wird.

HOTDOG

Røde Pølser

Zutaten für 10 Stück

Hotdog-Buns:
250 ml Milch, lauwarm
25 g Hefe
1 Ei
50 ml Rapsöl
1–2 EL Honig
1 TL Salz
250 g Weizenmehl Type 550
150 g Dinkelmehl

Röstzwiebeln:
2 große Gemüsezwiebeln
2 EL Mehl
250 ml Sonnenblumenöl
Salz & Pfeffer

Für die Hotdogs:
10 Rød Pølse Würstchen (ersatzweise Hotdog Würstchen)
Gewürzgurken oder Gurkensalat (Seite 45)
Remoulade (Seite 145)
Ketchup, Senf

Der Hotdog ist in Dänemark nicht nur ein beliebtes Street Food – er ist ein Teil der dänischen Kultur. Kein Wunder, die Pølser leuchten so intensiv wie das Rot der dänischen Flagge.

Für die Hotdog-Buns lauwarme Milch und zerbröckelte Hefe in einer Schüssel vermengen. Ei, Öl, Honig, Salz hinzufügen und nach und nach Mehl einarbeiten, bis ein elastischer Teig entsteht. Den Teig an einem warmen Ort abgedeckt auf das Doppelte aufgehen lassen. Anschließend in 10 Stücke teilen, zu Stangen formen, auf Backpapier legen und nochmals 1 1/2 Stunden gehen lassen.
Für die Röstzwiebeln Zwiebeln schälen, in feine Scheiben schneiden, mit Mehl bestäuben und goldbraun frittieren. Mit einem Schaumlöffel herausnehmen, auf einem Küchenpapier abtropfen lassen und salzen und pfeffern.
Den Backofen auf 225 °C vorheizen und die Buns auf mittlerer Schiene etwa 10 Minuten goldbraun backen. Würstchen kurz im heißen Wasserbad erhitzen. Die Buns aufschneiden, mit den Würstchen belegen und nach Belieben mit Ketchup, Senf, Remoulade, Röstzwiebeln und Gurkenscheiben garnieren.

HACKFLEISCHBÄLLCHEN IN RAHMSAUCE

Köttbullar

Zutaten für 4 Portionen

Fleischbällchen:
3 EL Semmelbrösel. 1 TL gemahlener Piment, 1 TL Salz
½ TL gemahlener weißer Pfeffer, 50 ml Sahne, 1 Zwiebel
600 g gemischtes Hackfleisch, 1 Ei, 1–2 EL Rapsöl

Sauce:
2 EL Butter
2 EL Weizenmehl
500 ml klare Fleischbrühe
100 ml Sahne
2 TL Sojasauce
1 Prise weißer Pfeffer

Zum Servieren:
Kartoffelpüree, Gurkensalat (Seite 45) und Preiselbeerkompott (Seite 156)

Der Schwedenklassiker schlechthin – Köttbullar! Hackfleischbällchen sind weltweit verbreitet, doch was macht das schwedische Hackbällchen so besonders? Eine Frage, die mich tatsächlich schon als Kind beschäftigte. Ich weiß nicht, wie oft ich meine Mutter damit genervt habe, dass sie mir original schwedische Köttbullar kocht. Der Wille meiner Mutter war sicherlich da, aber irgendwie schmeckten sie dann doch immer nur wie kleine runde bayrische Fleischpflanzerl! Heute weiß ich, dass gemahlener Piment die Zauberformel ist!

Semmelbrösel, Piment, Salz, weißen Pfeffer und Sahne mischen und 10 Minuten quellen lassen. Die Zwiebeln fein reiben und zusammen mit dem Hackfleisch vermischen. Ei und Semmelbrösel-Mischung hinzufügen und verkneten. Mit befeuchteten Händen kleine 3 cm große Fleischbällchen (ca. 32 Stück) formen und beiseitestellen. Für die Sauce Butter in einer Pfanne schmelzen, Mehl anrösten, wie bei einer klassischen Mehlschwitze. Brühe unter Rühren zugeben und eindicken lassen. Sahne, Sojasauce und Pfeffer zufügen und warmhalten. In einer zweiten Pfanne Öl erhitzen und die Bällchen darin etwa 10 Minuten anbraten, dabei immer wieder hin und her rütteln, damit sie in Bewegung bleiben und gleichmäßig rundherum bräunen. Fertige Hackfleischbällchen in die Sauce geben. Mit Kartoffelpüree und Sauce servieren, dazu Preiselbeerkompott und Gurkensalat reichen.

HACKFLEISCH-NUDELAUFLAUF

Makaronilaatikko

Zutaten für 4–6 Portionen

400 g Hörnchennudeln oder kurze Makkaroni
1 Zwiebel
400 g Rinderhackfleisch
¾ TL Salz
¾ TL gemahlener schwarzer Pfeffer
½ TL gemahlener Piment
2 TL Thymian

Eiermilch:
2-3 Eier
800 ml Milch
1 TL Salz
100 g geriebener Käse (z. B. Emmentaler)

Zum Servieren:
Ketchup

Makaronilaatikko ist ein herzhafter finnischer Nudelauflauf mit Hackfleisch und einer großzügigen Portion Ketchup. Dieses klassische Rezept wärmt nicht nur den Magen, sondern auch die Seele und begeistert besonders Kinder. Obwohl finnische Makaroni nichts mit italienischen Makkaroni zu tun haben und ein Italiener wahrscheinlich entsetzt wäre, Ketchup zum Makaronilaatikko zu reichen, passt es hier perfekt – eine Mischung aus Wohlfühlküche und Nostalgie, die man einfach probieren muss!

Die Nudeln nach Packungsanweisung kochen. Die Nudeln abgießen. Die Zwiebel schälen und klein schneiden. Das Hackfleisch ohne Fett anbraten und die Zwiebeln zum Hackfleisch geben. Die Mischung mit Salz, Pfeffer, Piment und Thymian würzen. Hackfleisch-Mischung und Nudeln in eine große gefettete Auflaufform (Inhalt ca. 3 l) geben.
Die Zutaten für die Eiermilch vermischen und die Mischung in die Auflaufform geben. Im vorgeheizten Backofen bei 175 °C etwa 45 Minuten backen. Den geriebenen Käse etwa 10 Minuten vor Schluss über den Auflauf geben. Mit reichlich Ketchup servieren.

HACKSTEAK MIT ROTER BETE

Biff à la Lindström · Bøf Lindstrøm · Lindströmin pihvit

Zutaten für 4 Portionen

1 Tasse Semmelbrösel
250 ml Milch
250 g rohe Rote Bete
500 g Hackfleisch (Schwein und Rind)
Salz, weißer Pfeffer
2 Eier
3 EL Kapern

Das tiefrote Hacksteak mit Zwiebel, Roter Bete und Kapern hat eine interessante Herkunft. Eine Geschichte besagt, es sei nach Adolf Henrik Lindström, einem norwegischen Schiffskoch, benannt worden, der an einer Polarexpedition teilnahm und Fleisch mit Roter Bete streckte. Eine andere Version besagt, ein russischer Kapitän namens Henrik Lindström habe das Gericht im Hotel Witt in Kalmar 1862 für Freunde kreiert. Ob es russische oder norwegische Wurzeln hat, bleibt unklar, aber es hat seinen Weg sowohl in die schwedische als auch die finnische und dänische Küche gefunden.

Die Semmelbrösel mit der Milch übergießen und 10 Minuten quellen lassen. In der Zwischenzeit die Rüben schälen und fein reiben. In einer großen Schüssel Hackfleisch, Salz, weißen Pfeffer, Eier und Rote Bete mischen. Die Kapern hacken und dazugeben. Zum Schluss die gequollenen Semmelbrösel unterrühren und mindestens 2 Stunden oder über Nacht im Kühlschrank ruhen lassen. Kleine Steaks formen und in einer mit Butter zerlassenen Pfanne bei mittlerer Hitze etwa drei Minuten auf jeder Seite braten und im Ofen warmhalten.
Dazu serviert man gerne Kartoffelbrei und typisch schwedisch, Braune Sauce oder wie in Finnland Zwiebelsauce dazu. Soll es nur ein leichtes Mittagessen sein, tut es auch ein Spiegelei und Salat.

TIPP: Man kann die Frikadellen auch bei 200 °C ca. 15 Minuten im Backofen backen, das ist natürlich viel fettarmer und der Geschmack der Roten Bete kommt noch mehr hervor. Wer auf Röstaromen steht – so wie ich – sollte bei der herkömmlichen Variante bleiben.
Beim Reiben der Roten Bete empfiehlt es sich, Küchenhandschuhe zu tragen.

beeskin
five

SCHWEINEBRATEN-SANDWICH

Flæskestegssandwich

Zutaten für 4 Portionen

2 EL Crème fraîche
2 EL Mayonnaise
1 EL grober Senf
1 TL Apfelessig
1 TL Honig oder Agavendicksaft
Salz & Pfeffer
4 Vollkornbrötchen
600 g kalter Schweinebraten mit Kruste

Krautsalat:
250 g Rotkohl
250 g Weißkohl
2 Karotten
2 Äpfel
1 rote Zwiebel
3 EL Apfelessig
6 EL Raps- oder Nussöl
½ TL Senf
1 EL Honig oder Agavendicksaft
Salz & Pfeffer

Das Schweinebraten-Sandwich, ein dänisches Original: Mit zartem Schweinebraten und knackigem Krautsalat ist dieses Sandwich im Nu zubereitet! Besonders beliebt ist es nach Weihnachten, um übrig gebliebenen Festtagsbraten zu verwerten. Dabei wird das Sandwich mit gekochtem Rotkraut und eventuell verbleibendem Salat vom Weihnachtsessen verfeinert.

Für den Krautsalat die zwei Kohlsorten vom Strunk befreien und fein in Streifen schneiden. Die Karotten schälen und grob raspeln. Die Äpfel vierteln, entkernen und in feine Scheiben schneiden. Die Zwiebel schälen, halbieren und ebenfalls in feine Scheiben schneiden. Essig, Öl, Senf und Honig zu einem Dressing verrühren und mit Salz und Pfeffer würzen. Alles miteinander gut vermischen und nochmals abschmecken.
Für das Sandwich die Crème fraîche, Mayonnaise, Senf, Essig und Honig zu einer Sauce verrühren und mit Salz und Pfeffer würzen. Die Brötchen aufschneiden und jeweils beide Seiten mit der Sauce bestreichen. Den Schweinebraten in Scheiben schneiden und die Brötchen nach Lust und Laune mit Braten und Krautsalat belegen.

RHABARBER-HÄHNCHEN AUS DEM OFEN

Ovnbagt kylling med rabarber

Zutaten für 4 Portionen

4 Hähnchenschenkel
1 EL Rapsöl
1 TL Salz
300 g Rhabarber
300 ml Sahne
150 ml Hühnerbrühe
1 EL Akazienhonig
1 TL Sriracha-Sauce
2 EL gehackter Schnittlauch

Rhabarber ist ein besonders widerstandsfähiges Gewächs. Kein Wunder also, dass er in der Küche Skandinaviens weit verbreitet ist. Lange bevor es Südfrüchte in jedem noch so entlegenen Supermarkt des Nordens zu kaufen gab, war Rhabarber ein guter und erschwinglicher Lieferant von Vitamin C. Ob als Konfitüre, Chutney, Sirup, als Kuchenbelag oder als Ketchup zu Gegrilltem, der Rhabarber kennt viele Zubereitungsarten im Norden. Dieses Rhabarber-Hähnchen aus dem Ofen profitiert nicht nur von der guten säuerlichen Note als Kontrast zur Sahnesauce, es ist dazu noch ruckzuck fertig und erfordert nur eine minimale Zubereitungszeit. Kurzum – das perfekte Sommergericht.

Den Backofen auf 200 °C vorheizen. Die Hähnchenschenkel in eine geölte, ofenfeste Form geben und salzen. 15 Minuten im Ofen auf mittlerer Schiene braten.

Den Rhabarber in Stücke schneiden. Die restlichen Zutaten verrühren und dann zu dem angebratenen Hähnchen in die Form gießen. Den Rhabarber darüber streuen und weitere 20–25 Minuten in den Ofen geben. Wenn das Hühnchen fertig ist, pfeffern, mit Schnittlauch garnieren und dazu Reis servieren.

TRUTHAHN MIT APFELSAUCE

Kalkunfilet med eplesaus

Zutaten für 4 Portionen

1 kg Putenbrustfilet im Ganzen
2 EL flüssiger Honig
1 TL Pflanzenöl
Salz
Pfeffer aus der Mühle
80 g Speck in Scheiben
200 ml Gemüsebrühe
500 g kleine Kartoffeln
2 Äpfel
600 g Weintrauben

Apfelsauce:
3 EL Butter
3 EL brauner Zucker
1 Hühnerbrühwürfel
500 ml Apfelsaft
2 EL Kartoffelstärke
100 ml Sahne
4 EL Calvados (optional)

Besonders zu Silvester genießen viele Norweger ein festliches Truthahn-Dinner. Dieses reichhaltige Gericht symbolisiert Glück und Fülle. Die süße und aromatische Apfelsauce verleiht dem Geflügel eine fruchtige Note. Äpfel harmonieren nicht nur hervorragend mit Geflügel, sondern ergänzen auch Fischgerichte perfekt.

Den Backofen auf 200 °C Ober-//Unterhitze vorheizen. Die Putenbrust waschen und trocken tupfen. Den Honig, das Öl, Salz und Pfeffer verrühren. Das Fleisch damit einstreichen. Anschließend mit dem Speck umwickeln und auf ein Backblech mit hohem Rand setzen. Gemüsebrühe angießen und im heißen Ofen ca. 1 Stunde garen. Gelegentlich mit dem austretenden Fleischsaft übergießen. Nach 30 Minuten die Kartoffeln hinzugeben. Die Äpfel in dicke Scheiben schneiden und zusammen mit den Weintrauben 15 Minuten vor Ende der Garzeit ebenfalls auf das Backblech geben. Die Putenbrust nun auch nicht mehr begießen, damit der Speck knusprig werden kann.
Für die Sauce Butter und Zucker in einem Topf schmelzen. Hühnerbrühe und Apfelsaft dazugeben. Die Sauce ein paar Minuten aufkochen und die in etwas kaltem Wasser angerührte Speisestärke unterrühren. Mit Sahne und gegebenenfalls Calvados abschmecken.

MITTSOMMER

Die Sommersonnenwende ist in Schweden ein magisches Ereignis, das den Höhepunkt des Sommers zelebriert. Immer am Samstag zwischen dem 20. und 26. Juni wird *Midsommar* gefeiert und das Land erstrahlt im Glanz des fröhlichen Mittsommerfestes. In den Städten wird es still und die Menschen zieht es in ihre gemütlichen Ferienhäuser auf das Land, wo man die Häuser mit Wiesenblumen und jungen Birkenzweigen schmückt. Ein wahrhaft zauberhaftes Highlight ist die *Majstång*, ein geschmückter Baumstamm, um den die Menschen tanzen und singen, oft begleitet vom Tanzlied *„Små grodorna"*.

Der Festtisch ist reichlich gedeckt mit köstlichen skandinavischen Spezialitäten: eingelegte Heringe werden gerne mit Sauerrahm, Schnittlauch, neuen Kartoffeln, Knäckebrot und Käse serviert. Und zum krönenden Abschluss gibt es Erdbeeren, der Inbegriff des skandinavischen Sommers!

Ähnlich groß feiert man in Finnland *Juhannus* mit sprudelnder Lebensfreude, Saunabesuch und erfrischendem Sprung in kühle Seen. Norwegens *Sankthansaften* entfacht am Abend des 23. Juni flackernde Lagerfeuer an den Küsten, um böse Geister zu vertreiben. Es werden Würstchen gegrillt und in *Lompe* (norwegische Kartoffelfladen) gewickelt. Dänemarks

Sankt Hans Aften verzaubert mit traditionellen Liedern und herzlichen Feiern. Egal, ob in den Wäldern Schwedens oder an dem Ufer eines finnischen Sees, mit skandinavischen Köstlichkeiten und einem Tisch voller Wildblumen kann man überall Mittsommer erleben. Und nicht zu vergessen: Ein Blumenkranz im Haar, denn das gehört einfach dazu!

FISCH & MEERESFRÜCHTE

Die skandinavische Küche ist geprägt von einer jahrhundertelangen Tradition des Fischfangs, bereits die Wikinger handelten mit Fisch. Umgeben von klaren Gewässern bieten die nordischen Länder eine Fülle an hochwertigem Meeresgetier. Klassische Delikatessen wie geräucherte Scholle, Graved Lachs und aromatische Fischsuppen zeichnen sich durch die Betonung einfacher, natürlicher Aromen aus. In kulinarischen Kreisen genießt der Skrei – der Winterkabeljau aus Norwegen – einen herausragenden Ruf, während Schweden mit Hecht, Zander und eingelegten Heringen glänzt. Dänemark überzeugt mit Schollen und Muscheln aus den Küstengewässern, während in Finnland Saibling und kleine Maränen aus den Seen als lokale Delikatessen gelten.

LACHS MIT SAUERRAHM ÜBERBACKEN

Uunilohi smetanalla

Zutaten für 4 Portionen

800 g Lachsfilet im Stück
Meersalz
frisch gemahlener schwarzer Pfeffer
250 g Sauerrahm oder Crème fraîche (Smetana)
Schale und Saft einer halben Zitrone
3 EL gehackter Dill

Finnische Rezepte zeichnen sich oft durch ihre Einfachheit aus. Mit wenigen Zutaten und Arbeitsschritten entstehen dennoch köstliche Gerichte – so auch bei diesem Rezept. Der im Ofen gegarte Lachs ist ein echter Hingucker, erfordert kaum Vorbereitung und begeistert fast jeden Gaumen. Dabei kann der Lachs wahlweise mit süßer oder saurer Sahne überbacken werden.

Den Backofen auf 200 °C vorheizen. Das Lachsfilet noch einmal auf Gräten hin untersuchen und gegebenenfalls entfernen. Dann den Lachs mit der Hautseite nach unten in eine gefettete Auflaufform oder auf ein Backblech legen und ihn gut mit Meersalz und frisch gemahlenem Pfeffer würzen. Zum Schluss den Schmand, oder für welche Sauerrahm-Variante Ihr euch auch immer entschieden habt, mit dem Zitronensaft, der geriebenen Zitronenschale und dem klein gehackten Dill mischen. Die Sauerrahmmasse streicht man nun gleichmäßig auf das Lachsfilet. Und dann ab damit in den heißen Ofen. Dazu schmecken am besten Salzkartoffeln und ein schöner Sommersalat.
Backzeit: ca. 25 Minuten bei 200 °C

VARIANTE:

LACHS MIT SÜSSER SAHNE ÜBERBACKEN

Den Sauerrahm durch süße Sahne ersetzen und die Zitrone weglassen, ansonsten wie oben beschrieben verfahren.

GEBEIZTER LACHS MIT DILL-SENF-SAUCE

Gravad lax · Gravad Laks · Gravet laks · Graavilohi

Zutaten für 15 Portionen

1 Bund Dill
1 kg Lachsfilet mit Haut, zwei gleich große Stücke

Beize:
2 EL grobes Meersalz, ½ EL Zucker, 1 TL grob zerstoßener weißer Pfeffer

Dill-Senf-Sauce:
250 ml grober Dijonsenf, 3 EL Zucker, 3–4 EL Weißweinessig
1 Prise Salz & weißer Pfeffer, gemahlen
250 ml Raps- oder Sonnenblumenöl, 4 EL Dill (fein gehackt)

Kaum etwas verbindet man so stark mit der nordischen Küche wie den Graved Lachs. Es lohnt sich, diese Delikatesse selbst zuzubereiten – und das Beste daran: Es ist wirklich kinderleicht!

Dill samt Stielen grob hacken. Lachsfilet waschen und trocken tupfen. Das dickere Filet mit der Haut nach unten auf die Arbeitsfläche legen. Die Oberfläche des Filets mit Salz, Zucker und weißem Pfeffer bestreuen und einreiben. Zum Schluss den gehackten Dill darauf verteilen, dann das dünnere Filetteil auf das dicke legen und in einen Frischhaltebeutel geben. Verschließen und für 1–2 Tage im Kühlschrank ziehen lassen. Dabei mit einem Teller beschweren. Während dieser Zeit das Lachsfilet mehrmals wenden.
Das Lachsfilet aus der Tüte nehmen und die überschüssigen Gewürze von der Oberfläche kratzen. Die Filets zum Servieren in dünne Scheiben schneiden.

Dazu reicht man Dill-Senf-Sauce: Senf, Zucker, Weißweinessig, Salz und Pfeffer in einem hohen Gefäß verrühren. Öl langsam dazugießen und mit einem Pürierstab cremig aufschlagen, ähnlich wie Mayonnaise. Luftdicht im Kühlschrank bis zu 1 Woche haltbar.

TIPP: Auch andere fettreiche Fische eignen sich zum Beizen. Wie zum Beispiel Felchen, Forellen, Saiblinge und Makrelen. Die Beize im Rezept ist für 1 kg Fisch und kann angepasst werden. Im Kühlschrank hält sich der gebeizte Fisch etwa 1 Woche.

SCHÄRENGARTEN-HERINGSTOPF

Skärgårdssill · Saaristolaissilli

Zutaten für 4–6 Portionen

400 g eingelegte Heringsfilets oder Matjesfilets
150 ml saure Sahne
2 EL Mayonnaise
4 EL Fischrogen
2 EL geschnittener Schnittlauch

Für diesen schnellen Heringseintopf wird gerne Kalix Löjrom – schwedischer Kaviarersatz aus dem Bottnischen Meerbusen verwendet.

Die Heringsfilets in mundgerechte Stückchen schneiden. Die saure Sahne mit der Mayonnaise, Fischrogen und dem Schnittlauch in einer Schüssel vermischen und dann die Matjesstückchen unterheben. Dann ca. 3 Stunden im Kühlschrank durchziehen lassen.

EINGELEGTE HERINGE IN TOMATENSAUCE

Tomatsild

Zutaten für 4–6 Portionen

4 eingelegte Heringsfilets oder Matjesfilets
1 gelbe Zwiebel
2 EL gehackter Dill

Tomatensauce:
1 EL Neutralöl
100 g Tomatenmark
1 Dose gestückelte Tomaten (400 g)
150 ml Weißweinessig
225 g Zucker
grob gemahlener schwarzer Pfeffer
2 Sternanis

Seit meiner Kindheit eines meiner Lieblingsgerichte am skandinavischen Buffet auf den großen Ostseefähren von Kiel nach Oslo.

Für die Sauce das Öl in einem Topf warm werden lassen. Tomatenmark einrühren und ein wenig anrösten. Die gehackten Tomaten, Essig und Zucker dazugeben, köcheln und um 1/3 reduzieren lassen. Mit grob gemahlenem Pfeffer abschmecken. Zum Schluss den Sternanis dazugeben und die Sauce abkühlen lassen.

Die Heringsfilets in mundgerechte Stücke und die Zwiebel in dünne Scheiben schneiden. Mit dem Dill abwechselnd in Gläser schichten. Die abgekühlte Tomatensauce darüber gießen, etwas hin und her rütteln, damit sich die Sauce gut verteilt und dann mit einem Deckel verschließen. Der Hering sollte vor dem Verzehr einen Tag im Kühlschrank stehen. Kühl aufbewahrt hält sich der Hering mindestens zwei Wochen.

TIPP: Dieses Rezept kann man auch mit Salzheringen machen. Dafür muss man diese jedoch vor der Verarbeitung entsprechend wässern und dann für mindestens 2–3 Tage in der Tomatensauce ziehen lassen, bevor man sie serviert.

HERINGSTORTE

Matjestårta · Sillikakku

Zutaten für 8–10 Portionen

250 g Roggenbrot
100 g zimmerwarme Butter
2 Blätter Gelatine
400 g gekochte Kartoffeln
4 hart gekochte Eier
1 rote Zwiebel
25 g fein gehackter Dill
25 g fein gehackter Schnittlauch
300 – 400 g Matjesfilets
400 g Frischkäse
200 ml Crème fraîche
Salz & Pfeffer

Garnierung:
Radieschen, rote Zwiebeln, Gurke, Dill, Schnittlauch

In Schweden und Finnland kommt Hering in zahlreichen Variationen auf den Tisch. Die kunstvoll gestaltete Matjestårta vereint Heringssalat mit einem Tortenboden aus Brot. Dieses Konzept lässt sich leicht variieren, indem man Hering durch andere geräucherte Fischarten wie Lachs, Makrele oder Forelle ersetzt.

In einem Mixer oder Küchenmaschine das Brot zusammen mit der Butter zerkleinern. Eine runde Springform mit einem Durchmesser von 24 cm mit Backpapier auslegen, sowohl den Boden als auch die Seiten. Dafür die Form zuerst leicht mit Öl bestreichen, damit das Papier besser haftet. Die zerkleinerte Brotmasse in der Form verteilen und fest andrücken. Anschließend in den Kühlschrank stellen und währenddessen die restlichen Zutaten vorbereiten.

Die Gelatineblätter 10 Minuten in kaltem Wasser einweichen. Kartoffeln, Eier und Zwiebel fein hacken, zusammen mit Dill, Schnittlauch, in kleine Stücke geschnittenem Matjes, Frischkäse und der Hälfte der Crème fraîche vermengen. Die übrige Crème fraîche in einem Topf erhitzen, vom Herd nehmen und die eingeweichten Gelatineblätter hinzufügen. Alles gut verrühren. Diese Mischung sorgfältig mit der vorbereiteten Füllung vermengen und mit Salz sowie schwarzem Pfeffer abschmecken.

Die Füllung gleichmäßig auf dem vorbereiteten Tortenboden in der Form verteilen. Abgedeckt über Nacht oder mindestens 8 Stunden im Kühlschrank fest werden lassen. Vor dem Servieren nach Belieben dekorieren.

MIESMUSCHELN IN BLAUSCHIMMELKÄSESAUCE

Blåskjell med blåmuggost

Zutaten für 4 Portionen

2 kg Miesmuscheln
3 Schalotten
4 Knoblauchzehen
2 EL Rapsöl
250 ml Weißwein
100 g Blauschimmelkäse
100 ml Sahne
2 EL gehackte Petersilie

Miesmuscheln stehen vor allem in Norwegen und in Dänemark gerne auf der Karte. Dieses Gericht habe ich bei meinem letzten Besuch in Oslo gegessen. Es war nicht nur geschmacklich ein wahrer Genuss, sondern es hat mich auch beeindruckt zu sehen, wie selbstverständlich selbst die jüngsten Gäste im Restaurant die Muscheln genossen haben. Während Muscheln für mich immer noch etwas Besonderes sind, gehören sie in Norwegen offenbar zum kulinarischen Alltag.

Miesmuscheln waschen, putzen und auf Frische kontrollieren. Nur geschlossene Miesmuscheln verwenden! Die Schalotten und den Knoblauch fein hacken und in Rapsöl auf schwacher Hitze andünsten. Dann mit dem Weißwein ablöschen. Die Muscheln hinzugeben und dämpfen, bis die Muscheln sich öffnen. Das dauert ca. 3–5 Minuten. Den Sud durch ein Sieb gießen und zurück in den Topf geben. Den Blauschimmelkäse hinzugeben und mit einem Schneebesen einrühren, bis der Käse geschmolzen ist. Sahne ebenfalls hinzugeben und die Sauce etwas einkochen lassen. Zum Servieren die Muscheln zurück in den Topf geben, mit der Petersilie bestreuen und mit Weißbrot oder Pommes frites genießen.

KRABBENBROT MIT ERBSENAUFSTRICH

Ärtig räksmörgås

Zutaten für 4 Portionen

1 kg frische Erbsen (oder 400 g TK-Erbsen)
50 ml Rapsöl
Saft von ½ Zitrone
4 Blätter Bärlauch (ersatzweise Petersilie oder Minze)
1 Prise Salz
1 Prise schwarzer Pfeffer
4 Bio-Eier
4 Scheiben Roggenbrot
400–600 g Krabben, geschält

Zum Servieren:
Dill, Erdbeeren oder gepickelte rote Zwiebeln

Das schwedische Krabbenbrot kommt für gewöhnlich auf Weißbrot und mit einer ordentlichen Portion Mayonnaise daher. Gesünder und mindestens, wenn nicht noch leckerer, schmeckt es mit einem sommerlichen Erbsenaufstrich.

Die Erbsen aus den Hülsen lösen und in kochendem Salzwasser 1 Minute blanchieren oder TK-Erbsen auftauen und mit Öl, Zitronensaft, Bärlauch, Salz und Pfeffer mit einem Stabmixer mischen. Zum Schluss mit Salz und Pfeffer abschmecken.
Die Eier 6 Minuten kochen, unter kaltem Wasser abschrecken, schälen und teilen.
Den Erbsenaufstrich auf die Brotscheiben verteilen. Krabben, Eier und Pfeffer hinzufügen. Zuletzt mit dem Dill bestreuen und mit Erdbeeren oder gepickelten roten Zwiebeln servieren.

FISCH-NUDEL-AUFLAUF

Fiskegrateng

Zutaten für 4 Portionen

400 g gekochter Kabeljau oder andere Fischarten
250 g Hörnchennudeln
3 EL Butter
5 EL Weizenmehl
400 ml Milch
1 TL Salz
½ TL Muskatnuss, gerieben
3 Eier
150 g geriebener Käse (z.B. Norvegia oder Gouda)
3 EL Semmelbrösel

Zum Servieren:
100 g Butter, zerlassen

Dieses klassische norwegische Fischgericht ist eine geniale Möglichkeit, Kinder für Fisch zu begeistern. Wer kann schon einem herzhaften Nudelauflauf mit reichhaltiger Käsesauce widerstehen? Es ist einfach und schnell zubereitet und ideal, um übrig gebliebenen gekochten Fisch zu verwerten. Zusammen mit Kartoffeln und geschmolzener Butter ist es sicherlich kein leichtes Gericht, aber genau so schmeckt es am besten – glaubt mir!

Das Fischgratin ist gut dafür geeignet, Reste von gekochtem Fisch zu verwerten. Ansonsten den rohen Fisch einfach kurz in kochendem Salzwasser garen. Pasta wie auf der Packung angegeben kochen und abgießen.
Für die Sauce Butter in einem Topf schmelzen und das Mehl nach und nach einrühren. Unter Rühren mit der Milch verdünnen, sodass eine klumpenfreie Sauce entsteht. Salz und Muskatnuss sowie die Eier nacheinander einrühren. Zum Schluss den Käse unterrühren. Etwas Käse zum Gratinieren beiseite stellen.
Den Backofen auf 200 °C Ober-/Unterhitze vorheizen.
Den Fisch von Haut und Gräten reinigen und in kleinere Stücke teilen. Zusammen mit der Pasta in die Sauce einrühren. Alles in eine gefettete, feuerfeste Form geben. Mit Semmelbrösel und geriebenem Käse bestreuen und das Fischgratin im Backofen, auf der untersten Schiene, ca. 30 Minuten backen.
Das Fischgratin mit zerlassener Butter servieren. Dazu passen Karottensalat und Salzkartoffeln.

SKREI MIT BÉCHAMEL-KARTOFFELN

Plukkfisk

Zutaten für 4 Portionen

500 g Kartoffeln
1 Zwiebel
1 EL Butter
1 EL Mehl
300 ml Milch
Salz & Pfeffer
700 g Skrei- oder Kabeljaufilet
2 Stangen Lauch

Zum Garnieren:
Roter Pfeffer, Dillöl

Einst norwegische Hausmannskost, ursprünglich aus Fischresten kreiert, verwendet man heute oft edle Kabeljaufilets. Es gibt viele Variationen, doch die Grundidee bleibt: Gekochter Fisch und Kartoffeln werden mit einer Béchamelsauce zu einem groben Brei vermischt. Optional können Gemüsesorten wie Lauch, Erbsen oder Karotten sowie knusprig gebratener Speck hinzugefügt werden.

Die Kartoffeln schälen, mundgerecht halbieren oder vierteln und etwa 15 Minuten in Wasser kochen, bis sie durch sind. Man kann übrigens auch gekochte Kartoffeln vom Vortag verwenden. Zwiebel fein würfeln und in Butter anschwitzen. Zwiebelwürfel mit Mehl bestäuben und mit anschwitzen. Die Milch hinzufügen und auf kleiner Flamme köcheln lassen, bis die Sauce eindickt. Immer mal wieder umrühren, damit sie sich nicht anlegt. Zum Abschluss mit Salz und Pfeffer abschmecken. In der Zwischenzeit einen Topf mit gesalzenem Wasser zum Kochen bringen und die Fischfilets hineingeben. Die Temperatur reduzieren und 5 Minuten ziehen lassen. Den Lauch in Scheiben schneiden. In einer heißen Pfanne etwas Butter erhitzen und den Lauch darin bissfest dünsten. Die gegarten Kartoffeln unter die Béchamelsauce heben und auf vier Tellern verteilen. Darauf jeweils den Lauch und zum Abschluss den Kabeljau geben. Mit rotem Pfeffer, Dill und Dillöl garnieren. Wer es typisch norwegisch mag, vermengt vor dem Essen nun alles miteinander.

SJOVIS
ORIGINAL

JANSSONS VERSUCHUNG

Janssons frestelse · Janssonin kiusaua

Zutaten für 4–6 Portionen

1 kg vorwiegend festkochende Kartoffeln
1 Zwiebel
250 g Ansjovisfilets (Appetitsild)
300 ml Sahne
200 ml Milch
1 TL Butter
3 EL Semmelbrösel

Dieser Auflauf ist ein echter Klassiker in Schweden: würzig, sättigend und köstlich – und ein Muss auf dem schwedischen Weihnachtsbufett. Bestehend aus Kartoffeln, Zwiebeln, Sahne und schwedischen Anchovis ergibt diese Kombination der Zutaten eine verführerische Mischung aus Salzigkeit und Cremigkeit.

Den Backofen auf 250 °C Ober-/Unterhitze vorheizen.
Die Kartoffeln schälen und in ca. 0,5 cm dicke Stäbchen schneiden, ähnlich wie Pommes. Die Zwiebel schälen und in dünne Streifen schneiden.
Die Ansjovisfilets aus der Lake nehmen und die Lake mit der Sahne und Milch vermischen.
Eine ofenfeste Form (ca. 30 x 20 cm) mit etwas Butter ausstreichen. Kartoffeln, Zwiebeln und Ansjovisfilets abwechselt in die Form schichten.
Die Sahne-Milch-Mischung darüber gießen und die Semmelbrösel darüber streuen und ca. 40 Minuten im Ofen backen.

FISCHFRIKADELLEN

Fiskekaker

Zutaten für 4 Portionen

800 g Schellfischfilet
2 TL Salz
½ TL gemahlener weißer Pfeffer
½ TL geriebene Muskatnuss
2 EL Kartoffelmehl
400 ml Sahne oder Milch

Zum Braten:
Butter oder Butterschmalz

Nichts erinnert mich mehr an Norwegen als der verlockende Duft von gebratenen Fiskekaker. Am liebsten genieße ich sie frisch aus der Pfanne! Obwohl man sie heutzutage in jedem Supermarkt findet, ist die Zubereitung zu Hause ebenso unkompliziert und lohnenswert – es empfiehlt sich, eine größere Menge zuzubereiten und einzufrieren. Diese Fischfarce dient auch als Grundlage für Fiskeboller oder Fiskepudding.

Alle Zutaten für die Fischfrikadellen in den Kühlschrank stellen, damit sie komplett kalt sind. Den Fisch in grobe Stücke teilen. Fischfilet und Salz in einen Food Processor (Küchenmaschine) geben und laufen lassen, bis sich das Salz gut mit dem Fisch vermischt hat. Maschine stoppen und Pfeffer und geriebene Muskatnuss und die Hälfte des Kartoffelmehls hinzufügen. Jetzt die Hälfte der Sahne dazugeben und die Maschine wieder anschalten. Restliches Kartoffelmehl dazugeben. Nach und nach mit dem Rest der Sahne weiter verdünnen, bis eine schöne homogene Fischfarce entstanden ist. Man sollte die Maschine nicht zu lange laufen lassen, weil die Farce sonst warm wird und misslingt.
Butter in einer Pfanne erhitzen, mit einem in kaltes Wasser getauchten Löffel Frikadellen formen und in die Pfanne geben. Mit dem Löffel leicht flach drücken und die Frikadellen je 3–4 Minuten pro Seite goldbraun braten. Mit Remoulade oder Brauner Sauce servieren. Dazu Kartoffeln, Brot und Salat reichen.

TIPP: Schellfisch kann durch Seelachs, Hecht, Kabeljau, Lachs oder Hering ersetzt werden. Schellfisch bindet am besten, bei anderen Sorten eventuell ein Ei hinzufügen.

GEMÜSE

Luomu Fenkoli 8 90 kg Espanja
Luomu Punajuuri 6 90 kg Niipalan tila SUOMI

Trotz der anspruchsvollen klimatischen Bedingungen haben sich die skandinavischen Länder auf den Anbau von robusten und kälteresistenten Gemüsesorten spezialisiert. Je weiter man nach Norden kommt, desto kürzer und intensiver wird die Vegetationsperiode.
Der Gemüse-Saisonkalender in Skandinavien startet im Frühling mit Radieschen, Spinat und Frühlingszwiebeln. Im Sommer bietet eine Vielfalt an grünem Gemüse eine reiche Auswahl: Frühkartoffeln sind ein Zeichen für den Sommerbeginn und bilden zusammen mit Heringen das traditionelle Duo für das Mittsommerfest. Danach folgen heimische Gemüsesorten wie Erbsen, Karotten, Fenchel, Lauch, Gurken, Zwiebeln und verschiedene Kohlsorten. Dabei lohnt es sich, Ausschau nach kleinen Selbstbedienungsständen und Hof-Buden zu halten.
Die kurze, aber intensive Pilzsaison im Spätsommer und Herbst ist ein kulinarischer Höhepunkt, wenn Wälder und Wiesen mit Pfifferlingen und Steinpilzen übersät sind. Im Herbst stehen dann vor allem Wurzelgemüse und Kürbisse im Fokus der Ernte, während die Menschen im Winter eingelegtes Gemüse und getrocknete Pilze aus den Sommer- und Herbstmonaten genießen.

SOMMERSUPPE

Sommarsoppa · Kesäkeitto

Zutaten für 4 Portionen

10 neue Kartoffeln
3 junge Karotten
½ Blumenkohl
2 Frühlingszwiebeln
200 g frische Ackerbohnen, Erbsen oder Zuckerschoten
400 ml Sahne
3 Eigelb
Salz & Pfeffer
Saft von ½ Zitrone
2 EL gehackter Schnittlauch

Sommersuppe gehört in Schweden und Finnland zum Sommer wie Erdbeeren und helle Nächte! Neue Kartoffeln und frische Erbsen machen sie zum echten Klassiker und bringen ein Stück nordische Leichtigkeit auf den Teller.

300 ml Wasser mit 1 TL Salz zum Kochen bringen. Die Kartoffeln gut mit einer Gemüsebürste abschrubben und dann je nach Größe halbieren oder vierteln. Die Karotten schälen und in 0,5 cm dicke Scheiben schneiden. Den Blumenkohl in kleine Röschen teilen. Und die Frühlingszwiebeln vierteln.
Das Gemüse in das kochende Wasser geben. Zunächst die Kartoffeln. Nach etwa 5 Minuten die Karotten, den Blumenkohl und die Frühlingszwiebeln dazugeben. Zum Schluss die Bohnen oder Erbsen. 300 ml Sahne zufügen und erneut aufkochen lassen. Die restliche Sahne in einer Schüssel mit den Eigelben verquirlen.
Den Topf vom Herd nehmen und die Eier-Sahne-Mischung einrühren. Dann die Suppe nochmals vorsichtig erhitzen, bis sie zu sieden anfängt. Sie sollte aber nicht mehr erneut aufkochen. Zum Abschluss mit Salz, Pfeffer und Zitronensaft abschmecken und mit Schnittlauch bestreuen. Dazu reicht man Knäckebrot mit Butter.

TIPP: Die Suppe kann um Zutaten wie Radieschen, Mairübchen, Spitzkohl oder Babyspinat ergänzt werden.

VÄSTERBOTTEN-QUICHE MIT PFIFFERLINGEN

Västerbottenpaj med kantareller

Tarteform, ca. 26 cm Ø

Teig:
125 g kalte Butter
180 g Weizenmehl
½ TL Salz
2 EL Wasser

Füllung:
300–400 g Pfifferlinge
2 EL Butter
3 Eier
100 ml Milch, 150 g Schmand
120 g geriebener Käse
1–2 EL gehackter frischer Rosmarin
oder Thymian (oder 1 TL getrocknet)
½ TL Salz, ¼ TL schwarzer Pfeffer
Optional: Petersilie, gehackt

Västerbotten ist eine Provinz im Norden Schwedens am Bottnischen Meerbusen. Die Quiche ist jedoch nicht nach der Provinz, sondern nach der gleichnamigen Käsesorte benannt. Die Geschichte des Västerbottensost (schwedischer Hartkäse), der durch einen Zufall 1872 entstand, ist faszinierend: Die Molkereigehilfin Ulrika Eleonora Lindström sollte Milch für den Västgöta-Käse erhitzen und umrühren, verließ aber kurzzeitig ihren Posten, um ihren Liebhaber zu treffen. Bei ihrer Rückkehr musste sie die abgekühlte Milch erneut erhitzen und rühren, was zu einem unerwarteten Käse führte. Dieser als missglückt angesehene Käse wurde im Käselager vergessen, durch Zufall wiederentdeckt und entpuppte sich als äußerst schmackhaft.

Für den Teig alle Zutaten rasch verkneten und in die Tarteform drücken, dabei einen Rand formen. Die Form 15 Minuten kühlen und den Ofen auf 225 °C vorheizen. Den Teigboden einstechen und 10 Minuten vorbacken. Pfifferlinge grob schneiden oder ganz lassen. Butter in einer Pfanne erhitzen und die Pilze 5 Minuten anbraten. Eier, Milch, Schmand, Käse, Gewürze, Salz und Pfeffer vermengen, Pfifferlinge unterrühren und die Mischung auf den Tortenboden geben. Ofentemperatur auf 200 °C reduzieren und die Tarte 30–35 Minuten backen. Vor dem Servieren mit gehackter Petersilie und frischen Pfifferlingen bestreuen.

BRENNENDE LIEBE

Brændende kærlighed

Zutaten für 4 Portionen

Kartoffel-Sellerie-Stampf:
400 g Sellerieknolle
600 g mehligkochende Kartoffeln
2 Lorbeerblätter
200 ml Milch
2–3 EL Butter
Salz
Muskatnuss

Topping:
300 g Räucherspeck
1–2 Rote-Bete-Knollen
1 Selleriestange
3 Zwiebeln
1 Handvoll Petersilie, gehackt

Das dänische Rezept, das wie eine Liebeserklärung klingt, ist ein echter Klassiker – Hausmannskost für dunkle Wintertage. Wenn man jedoch das traditionell deftige Zwiebel-Speck-Topping teilweise durch Gemüse ersetzt oder sogar den Speck ganz weglässt und ihn durch Nüsse ersetzt, dann sieht es schon ganz anders aus. Schon hat man nicht nur ein leckeres sondern auch gesundes Essen auf dem Tisch!

Sellerie und Kartoffeln schälen, in Stücke schneiden und in einen Topf geben. Mit Wasser bedecken und zusammen mit etwas Salz und den Lorbeerblättern aufkochen. Ca. 15–20 Minuten köcheln lassen.
In der Zwischenzeit für das Topping den Speck würfeln und ohne Fett in einer Pfanne anbraten und dann aus der Pfanne nehmen. Das Gemüse klein würfeln und in der Pfanne gar braten. Zum Schluss den Speck wieder unterheben und mit Petersilie bestreuen.
Für den Stampf Milch und 2 EL Butter erhitzen. Gemüse abgießen und gut abtropfen lassen, Milch-Butter-Mischung unterziehen und mit Salz und Muskatnuss abschmecken. Gegebenenfalls noch etwas Butter zufügen. Den Stampf auf vier Teller verteilen und mit dem Topping servieren.

TIPP: Für eine vegetarische Variante den Speck einfach durch Walnüsse oder Haselnüsse ersetzen. Wer keine Rote Bete mag, kann sie auch durch Pilze ersetzen.

SPINATPFANNKUCHEN

Pinaattiletut

Zutaten für 4–6 Portionen

250 g Spinat (frisch oder TK)
2 Eier
250 ml Milch
250 ml Dickmilch (Piimä)
300 ml Weizenmehl
½ TL Salz
gemahlener schwarzer Pfeffer
geriebene Muskatnuss

Zum Braten:
Butter oder Butterschmalz

In Finnland werden Spinatpfannkuchen traditionell in einer speziellen, an eine Pancakepfanne erinnernden Pfanne zubereitet. Sie sind grün, lecker und schmecken am besten mit Hüttenkäse und Preiselbeeren. Früher gab es in Finnland vorwiegend tiefgekühlten Spinat für Pinaattiletut (Spinatpfannkuchen) oder Pinaattikeitto (Spinatsuppe). Doch mittlerweile gibt es sogar in meinem Supermarkt in Lappland frischen Blattspinat.

Wie gesagt, man kann es wie die Finnen machen und einfach den zerhackten TK-Spinat auftauen lassen oder es wie ich machen und frischen Blattspinat verwenden. Dafür den Spinat waschen, trocknen und in einer Küchenmaschine oder mit einem Pürierstab zerkleinern. Natürlich kann man den Spinat auch einfach mit der Hand klein schneiden, allerdings wenn man satte gründurchgefärbte Pfannkuchen haben möchte, dann ist es besser, wenn man den Spinat möglichst klein gehackt hat. Aber das ist eher eine optische Sache und tut geschmacklich nichts zur Sache. Eier, Milch, Buttermilch, Mehl und Gewürze vermengen, Spinat hinzufügen und 30 Minuten ruhen lassen. In einer Pfanne Butter oder Schmalz erhitzen, Teig hineingeben und von beiden Seiten braten.

TIPP: In Finnland serviert man die Spinatpfannkuchen mit Preiselbeerkompott und manchmal mit Hüttenkäse. Wer es herzhafter mag, kann auch geräucherten Lachs oder Krabbensalat dazu genießen.

KARTOFFELPUFFER MIT ÄPFELN UND PREISELBEEREN

Raggmunk med stekt äpple och lingon

Zutaten für 4–6 Portionen

300 ml Milch, 1 Ei, 150 g Weizenmehl, 2 TL Salz
800 g Kartoffeln

Zum Braten:
Butterschmalz oder Butter

Zum Servieren:
4 Äpfel
Preiselbeerkompott (Seite 156)
Schnittlauch, gehackt

Raggmunk – die schwedische Antwort auf Schweizer Kartoffelrösti. Oder genauer gesagt, die perfekte Kombination aus Rösti und Pfannkuchen.
Der Name „Raggmunk" entstand möglicherweise in Anlehnung an eine Mönchstonsur, bei der das Ergebnis etwas unordentlich aussieht. Die geriebenen Kartoffeln verleihen den Puffern eine unebene Struktur und könnten als die „Zotteln" interpretiert werden. Man könnte es auch als „Zottelmönch" übersetzen.

In einer Schüssel Milch und das Ei verquirlen und nach und nach das Mehl unterrühren. Zum Schluss noch das Salz hinzufügen und dann den Teig ein wenig ruhen lassen.
In der Zwischenzeit die Kartoffeln schälen und raspeln und dann unter den Pfannkuchenteig heben.
In einer beschichteten Pfanne etwas Butterschmalz erhitzen und dann mit einer Schöpfkelle den Teig in die Pfanne füllen. Je nachdem wie flüssig er ist, gut verstreichen, damit die Pfannkuchen schön knusprig werden. Auf jeder Seite goldbraun braten. Die fertigen Kartoffelpfannkuchen im Backofen warm halten und weitere Pfannkuchen backen, bis der ganze Teig aufgebraucht ist.
Zum Servieren die Äpfel entkernen, in Spalten schneiden und in einer weiteren Pfanne mit etwas Butter dünsten. Zusammen mit reichlich Preiselbeerkompott und gehacktem Schnittlauch zu den Kartoffelpfannkuchen reichen.
Dazu isst man auch gerne gebratenen durchwachsenen Speck oder gepökelten Schweinebauch.

TIPP: Nutze für die Zubereitung lieber ältere Kartoffeln statt neue, da sie über ausreichend Stärke verfügen, um den Puffer zusammenzuhalten.

ROTE-BETE-EINTOPF MIT MEERRETTICHSCHMAND

Borssikeitto

Zutaten für ca. 6 Portionen

2 Karotten
2 Pastinaken oder 150 g Knollensellerie
3–4 mittelgroße Rote-Bete-Knollen (ca. 700 g)
500 g Weißkohl
1 große Zwiebel
2 Knoblauchzehen
1 EL Öl
3 EL Tomatenmark
2 EL Rotweinessig
1,5 l Gemüsebrühe
2 Lorbeerblätter
1 TL gemahlener Piment
½ TL getrockneter Oregano
4–6 Zweige Thymian oder
Saft von ½ Bio-Zitrone
Salz & Pfeffer
1 Bund Dill oder Petersilie
250 g Schmand
15 g frischer Meerrettich, fein gerieben

Borschtsch oder Borssikeitto, wie auch immer man ihn nennen mag, den Rote-Bete-Eintopf, er hat es von Osteuropa bis nach Finnland geschafft! Vegetarisch, deftig und wärmend – ein Klassiker in der kalten Jahreszeit.

Das Gemüse waschen und putzen. Karotten, Pastinaken und Rote Bete schälen und in ca. 2–3 cm große Stücke würfeln. Den Weißkohl in Streifen schneiden. Die Zwiebel und den Knoblauch ebenfalls schälen, würfeln und mit etwas Öl in einem großen Topf glasig andünsten. Das Tomatenmark dazugeben und leicht anbraten. Mit Rotweinessig ablöschen. Nun das restliche Gemüse hinzufügen, mit der Gemüsebrühe auffüllen und aufkochen lassen. Lorbeerblätter hinzufügen, dann auf niedriger Stufe mindestens 35–45 Minuten vor sich hin köcheln lassen.

Zum Schluss Pimentpulver und Oregano in den Eintopf geben, nochmals etwas köcheln lassen und mit dem Saft einer halben Zitrone, Salz, Pfeffer und Dill abschmecken. Schmand und Meerrettich glatt rühren.

Den-Rote-Bete-Eintopf mit einem guten Klecks Meerrettichschmand servieren. Dazu reicht man gerne dunkles Roggenbrot.

ERBSEN-GERSTEN-RISOTTO MIT GRÜNEM SPARGEL

Parsa-hernerisotto

Zutaten für 4 Portionen

2 Schalotten, 1 Knoblauchzehe, 2 Stangen Staudensellerie
2 EL Rapsöl, 300 g Gerstengraupen
100 ml Weißwein, ca. 1 l Geflügelbrühe oder Gemüsebrühe
200 g grüner Spargel, 200 g Erbsen (frisch oder TK)
100 g Parmesan, gerieben, 1 EL Butter
Salz & Pfeffer

Gremolata:
1 kleiner Bund Petersilie, 1 kleiner Bund Dill
Saft und Schale von 1 Bio-Zitrone
2 Knoblauchzehen (ersatzweise einige Blätter Bärlauch)
½ TL Salz, 50–100 ml Olivenöl

Zum Servieren:
Parmesan, gerieben
Optional: junge Erbsenschoten

In Finnland wird oft heimische Gerste anstelle von Rundkornreis verwendet. Die Finnen schätzen auch Erbsen, die gerne frisch vom Markt als Snack dienen. Zusammen mit grünem Spargel und Kräutern ist dieses eines meiner absoluten Lieblings-Sommergerichte.

Schalotten und Knoblauchzehe fein würfeln. Staudensellerie in feine Scheiben schneiden. Das Öl in einem Topf erhitzen, darin alles zusammen andünsten. Die Gerstengraupen zugeben und mit Weißwein ablöschen und fast komplett bei mittlerer Hitze einkochen lassen. Dann mit Gemüsebrühe auffüllen, bis die Graupen bedeckt sind. Unter Rühren garen und nach und nach mit der restlichen Brühe auffüllen, wenn die Flüssigkeit vollständig verkocht ist.
Die Spargelköpfe abschneiden und zur Seite legen und den restlichen Spargel in 1 cm breite Stücke schneiden.
Nach ca. 30 Minuten, wenn die Gerste fast weich ist, Spargelstücke hinzufügen. Wenn die Gerste weich ist, die Erbsen hinzufügen. Zum Schluss geriebenen Parmesan und Butter unterziehen. Mit Salz und Pfeffer abschmecken.
Für die Gremolata Kräuter klein hacken, in eine Schüssel geben und Zitronensaft, Zitronenschale, Salz und Olivenöl hinzufügen und verrühren.
Gerstenrisotto mit Parmesan, Gremolata, Spargelköpfen und jungen Erbsenschoten servieren.

SÜSSES, KUCHEN & GEBÄCK

Die Skandinavier sind für ihre ausgeprägte Vorliebe für Süßes bekannt. Kuchen wird auch schon mal als Nachtisch serviert, begleitet von einer Tasse starkem Kaffee. Die Backkunst ist allgemein ein Ausdruck von Tradition und Gemütlichkeit, die in den verschiedenen Ländern gepflegt wird.
In Schweden nimmt die Idee von *Fika*, einer entspannten Kaffeepause, einen zentralen Platz ein. Von Zimtschnecken bis zur *Prinsesstårta* bietet die schwedische Küche eine Vielzahl süßer Genüsse.
Die dänische Backtradition zeichnet sich durch ihre Vielfalt und Raffinesse aus. Allen voran die dänische Kuchentradition der Südjütländischen Kaffeetafel: kunstvoll gestaltete Kuchen, Torten und verschiedenes Kleingebäck. Besonders beliebt ist der *Lagkage*, wörtlich übersetzt: Schichtkuchen, der oft zu Geburtstagen serviert wird, und das Plundergebäck, bekannt als *Wienerbrød.*
Wie in ganz Skandinavien ist die Liebe zum Hefeteig auch in Finnland nicht zu übersehen. Ein Besuch ohne eine Tasse Kaffee und ein Stück *Pulla* (Hefegebäck) ist kaum vorstellbar.
Die Norweger hingegen sind bekannt für ihre Vorliebe für Waffeln, die in zahlreichen Variationen im ganzen Land genossen werden.

ZIMTSCHNECKEN

Kanelbullar · Kanelsnegle · Kanelboller · Korvapuusti

Zutaten für ca. 30 Stück

Hefeteig Grundrezept:
500 ml Milch
200 g Butter
50 g frische Hefe
120 g Zucker
1 TL Salz
2 TL grob gemahlener Kardamom
1 Ei
900–1000 g Mehl

Füllung:
100 g weiche Butter
90 g Zucker, 2 EL Zimt

Außerdem:
1 Eigelb + 1 EL Milch
Optional: 2–3 EL Hagelzucker

Denkt man an Zimtschnecken, denkt man unweigerlich an Skandinavien. In Schweden, Dänemark und Norwegen sind sie meist gedreht oder verknotet und gefüllt mit reichlich Zimt, wie ihr Name „kanel" verrät. Doch in Finnland überrascht die Zimtschnecke unter dem Namen Korvapuusti, was übersetzt „Ohrfeige" bedeutet.

Milch erwärmen und darin Butter schmelzen. Hefe in lauwarmer Milch-Butter-Mischung auflösen. Zucker, Salz, Kardamom und Ei hinzufügen und mit einem Schneebesen gut verrühren. Nach und nach Mehl hinzufügen und verkneten. Die benötigte Mehlmenge kann variieren. Der Teig ist fertig, wenn er sich von der Schüsselwand löst und noch weich und elastisch ist. Teig zugedeckt an einem warmen Ort 30–40 Minuten gehen lassen, bis sich das Volumen verdoppelt hat.
Teig in zwei Portionen teilen. Ein etwa 60 x 40 cm großes Rechteck ausrollen und mit der Hälfte der Füllung bestreichen. Teigplatte aufrollen, in Scheiben schneiden oder mit Bindfaden teilen. Schnecken auf ein mit Backpapier belegtes Backblech legen – das äußere Ende des Teigs unter jede Schnecke falten, mit Küchentuch abdecken und weitere 30 Minuten gehen lassen.
In der Zwischenzeit den Ofen auf 225 °C vorheizen und mit der zweiten Teighälfte ebenso verfahren. Schnecken mit Eimilch bestreichen, nach Belieben mit Hagelzucker bestreuen. 10–15 Minuten backen, bis sie goldbraun sind.

SCHOKOLADENKUCHEN MIT KOKOS-TOPPING

Kladdkaka med kokostosca

Kuchenform 25 cm x 35 cm

Teig:
200 g Butter
180 g Zucker, 120 g Farinzucker
180 g Mehl
½ TL Salz
50 g Kakaopulver
1 TL Vanillezucker
4 Eier

Kokos-Topping:
75 g Butter
120 g Zucker
100 ml Ahornsirup (Lys Sirup)
150 ml Schlagsahne
150 g Kokosraspeln

Das Beste aus zwei Küchen: Eine Fusion des schwedischen Klassikers Kladdkaka und des dänischen Drømmekage. Ein himmlischer Genuss für Schokoladen- und Kokosliebhaber gleichermaßen!

Den Ofen auf 175 °C Ober-/Unterhitze vorheizen. Zunächst die Butter schmelzen und dann etwas abkühlen lassen. Ähnlich wie bei einem Brownie-Rezept werden nun alle trockenen Zutaten in eine Rührschüssel gegeben. In der Mitte wird eine Vertiefung gemacht und Eier und flüssige Butter hineingegeben. Zunächst verrührt man Eier und Butter mit einer Gabel und dann mit den restlichen Zutaten. Der Teig darf ruhig noch etwas klumpig sein.
Die Kuchenform mit Butter ausstreichen und dann den Teig hineinfüllen und glattstreichen. Den Kuchen auf der mittleren Schiene 20 Minuten backen.
In der Zwischenzeit für das Kokos-Topping alle Zutaten bis auf die Kokosraspeln in einen kleinen Topf geben und sie unter Rühren erhitzen. Wenn die Masse kurz vor dem Kochen ist, die Kokosraspeln unterrühren und alles kurz aufkochen lassen und dann vom Herd nehmen.
Den Kuchen aus dem Ofen nehmen und ein paar Minuten stehen lassen, bevor man die Kokosmasse gleichmäßig darauf verteilt. Weitere 15 Minuten backen. Vorsichtig aus dem Ofen nehmen und zunächst in der Kuchenform abkühlen lassen, denn das Topping ist heiß und weich. Es wird ähnlich wie Karamell erst beim Erkalten fest.

PRINZESSINNENTORTE

Prinsesstårta

Zutaten für 12 Portionen

Biskuit:
4 Eier, 150 g Zucker, 70 g Weizenmehl, 70 g Kartoffelmehl, 1 TL Backpulver

Vanillecreme:
100 g Zucker, 5 Eigelb, 2 EL Speisestärke, 250 ml Milch, 250 ml Sahne
1 Vanillestange, aufgeschlitzt
zusätzlich: 500 ml Schlagsahne, Himbeermarmelade und/oder frische Beeren

Garnierung:
400 g Marzipanrohmasse, 180 g Puderzucker
grüne Lebensmittelfarbe, Puderzucker
Optional: 1 Marzipanrose

Die wohl beliebteste Torte der Schweden – doch wer kennt ihre Geschichte? In den frühen 1900er Jahren besuchten die Prinzessinnen Margaretha, Märtha und Astrid, die Töchter von König Oskar II., Jenny Åkerströms renommierte Haushaltsschule in Stockholm. Als Zeichen ihrer Zuneigung widmete Åkerström den Königstöchtern 1929 das Kochbuch „Prinsessornas kokbok", das auch das Rezept für die damals als Grön tårta bekannte Torte enthielt. Diese grüne Delikatesse wurde aufgrund der Vorliebe der Prinzessinnen später in Prinsesstårta umbenannt. Übrigens wird die Torte, wenn der Marzipanmantel pink ist, als Operatårta bezeichnet.

Den Backofen auf 175 °C vorheizen. Eier und Zucker schaumig rühren. Dann das Mehl, Kartoffelmehl und Backpulver locker unterziehen. Eine runde Kuchenform (22–24 cm Ø) einfetten und den Teig in die Form füllen. Im vorgeheizten Backofen ca. 35 Minuten backen und gut abkühlen lassen, mindestens 3–4 Stunden. Noch besser ist es, wenn man den Boden schon einen Tag zuvor bäckt.

Für die Vanillecreme den Zucker und die Eigelbe in einer Schüssel schaumig schlagen. Dann die Speisestärke hinzugeben und weiter schlagen, bis die Mischung hellgelb und dick ist. Dann die Milch in einen Topf füllen und erwärmen. Kurz bevor sie zu kochen beginnt, von der Herdplatte nehmen. Nun stetig und langsam die Milch zu der Zuckermischung geben und ständig rühren, um ein Gerinnen der Eier zu vermeiden. Wenn alles gut vermischt ist, gießt man die Masse zurück in den Topf. Bei mittlerer Hitze die Mischung aufkochen, bis sie dickflüssig ist. Dann vom Herd nehmen und vollständig abkühlen lassen.

Die Sahne steif schlagen und den Tortenboden in drei Teile schneiden. Dann den untersten Teil nehmen und umdrehen, so dass der dunklere Teil nach oben schaut. Darauf nach Belieben frische, mit Zucker verrührte Beeren oder die Himbeermarmelade streichen und mit einer dünnen Sahneschicht bedecken. Man fährt nun mit dem obersten Drittel des Tortenbodens fort und bestreicht diesen mit der Vanillecreme, so dass etwa ein 2 cm breiter Rand bleibt. Darauf kommt nun der Großteil der Sahne. Man sollte sie so verteilen, dass fast schon eine Halbkugel entsteht. Dann kommt der mittlere Tortenboden auf die Sahnehalbkugel. Man drückt den Boden sachte in die Masse, so dass die Form bewahrt bleibt. Zum Abschluss wird die restliche Sahne über die ganze Torte gestrichen und eventuelle Unebenheiten ausgeglichen.

Für die Marzipandecke das Marzipan und den Puderzucker zusammenkneten. Einige Tropfen grüne Lebensmittelfarbe hinzufügen und die Masse weiterkneten, bis die Farbe gleichmäßig verteilt ist. Die Masse zwischen zwei Backpapierlagen oder Haushaltsfolie ausrollen, und zwar so groß, dass sie über den gesamten Kuchen passt. Oberes Papier oder Folie entfernen und mittels der unteren Lage Papier oder Folie die Marzipanschicht über den Kuchen stülpen. Rund herum festdrücken, mit Puderzucker bestäuben und die Marzipanrose anbringen.

SCHOKOLADENKEKSE

Chokladsnittar

Zutaten für ca. 60 Stück

300 g Mehl, 200 g Puderzucker , 30 g Kakaopulver
1 TL Backpulver, 1 ½ TL Vanilleextrakt
200 g weiche Butter, 2 Eier
Hagelzucker zum Bestreuen

Schnelle und einfache Kekse, die nicht nur zu Weihnachten schmecken – knusprig, schokoladig und unwiderstehlich.

Den Ofen auf 200 °C Ober-/Unterhitze vorheizen.
Mehl, Backpulver, Puderzucker, Kakao und Vanille in einer Schüssel vermischen. Ein Ei und die Butter hinzufügen und zu einem glatten Teig verarbeiten. Den Teig in 6 Stücke teilen, jeweils in ca. 25 cm lange Rollen formen und auf zwei mit Backpapier ausgelegte Backbleche verteilen. Die Teigrollen etwas flach drücken, mit verquirltem Ei bestreichen und mit dem Hagelzucker bestreuen. 10–12 Minuten backen. Noch warm in ca. 3–4 cm breite diagonale Stücke schneiden.

BLAUBEERKUCHEN

Mustikkapiirakka

Zutaten für Quicheform, 26 cm Ø

Teig:
100 g Butter (Raumtemperatur)
100 g Zucker
1 Ei (Raumtemperatur)
1 TL Backpulver
200 g Mehl

Füllung:
300 g Blaubeeren
200 g Sauerrahm
1 Ei
1 TL Vanillezucker
50 g Zucker

Für mich verkörpert der finnische Blaubeerkuchen den ultimativen Geschmack des Sommers!
Die Basis besteht aus einem zarten Mürbeteig, während die Füllung eine köstliche Kombination aus Beeren und Sauerrahm bildet. Am besten schmeckt er mit frisch gepflückten wilden Blaubeeren. Himbeeren oder Johannisbeeren eignen sich ebenfalls wunderbar.

Die weiche Butter mit dem Zucker schaumig schlagen. Dann das Ei und das mit dem Backpulver vermischte Mehl gut unterrühren. Die Kuchen- oder Pieform fetten und den Teig in die Form drücken, so dass ein etwa 2 cm hoher Rand entsteht. Auf dem Teig nun die Blaubeeren verteilen. Anschließend den Sauerrahm, Ei, Vanillezucker und Zucker vermischen und gleichmäßig auf den Blaubeeren verteilen. Dann bei 200 °C im unteren Teil des Backofens ca. 30 Minuten backen. Abkühlen lassen und genießen!

TIPP: Ihr könnt auch gefrorene Blaubeeren nehmen. Allerdings sollte man dann einen Esslöffel Kartoffelmehl unter die Blaubeeren mischen, damit die Feuchtigkeit gebunden wird.

PLUNDERGEBÄCK

Wienerbrød

Zutaten Grundteig Plunderteig:

25 g frische Hefe, 1 EL Zucker, 1 Ei, ½ TL Salz
325 g Mehl (Type 405), 200 g kalte Butter

Der Teig für dänisches Plundergebäck, auch als Wienerbrød bekannt, ist die Basis für zahlreiche Plundervarianten: wie Kanelsnegle, Spandauer, Tebirkes oder Fastelavnsboller.

Die Hefe in 150 ml lauwarmem Wasser auflösen. Zucker, Ei und Salz unterrühren. Dann das Mehl hineinsieben und mit der Hand kneten, bis es schön glatt ist. Abgedeckt im Kühlschrank 15 Minuten ruhen lassen.
Dann den Teig auf eine Größe von 20 x 60 cm ausrollen. Die kalte Butter auf 2/3 des Teiges hobeln. Ich mache das einfach mit einem Käsehobel. Ihr könnt natürlich auch einfach dünne Scheiben von der Butter abschneiden.
Dann 1/3 des Teiges (ohne Butter) über die Butter zur Mitte hin einschlagen und das verbleibende Drittel ebenfalls zur Mitte über den Rest falten. Den Teig nun in Klarsichtfolie einwickeln und 15 Minuten in den Kühlschrank geben.
Den Teig erneut auf 20 x 60 cm ausrollen. Erneut falten und wieder 15 Minuten in den Kühlschrank geben. Diesen Vorgang 3-mal wiederholen. Der Plunderteig kann nun für allerlei Plundergebäcke verwendet werden.

VARIANTE 1:

KANELSNEGLE

1 x Grundteig Plunderteig
Zimtbutter: 50 g weiche Butter, 50 g Farinzucker, 1 EL Zimt

Den Teig zu einem Quadrat ausrollen und mit der Zimtbutter bestreichen, aufrollen und in ca. 20 Scheiben schneiden. Etwa 12 Minuten im vorgeheizten Backofen bei 200 °C backen.

VARIANTE 2:

SPANDAUER

1 x Grundteig Plunderteig, Vanillecreme (Seite 115), 1 Eigelb

Den Teig zu einem Quadrat ausrollen und in 9 Quadrate schneiden. Die Ecken zur Mitte schlagen, festdrücken und einen Esslöffel Vanillecreme daraufgeben. Mit einem Eigelb bestreichen und wer will, kann sie mit Mandelblättchen bestreuen und frischen Früchten verzieren.

BEEREN-SAHNE-SCHICHTTORTE

Gräddtårta · Lagkage · Bløtkake · Täytekakku

Zutaten für eine Springform 24 cm Ø

Biskuitteig:
5 Eier, 175 g Zucker, 175 g Mehl, 1 TL Backpulver

Vanillecreme
(siehe Prinzessinnentorte Seite 115)

zusätzlich:
Mischung aus Blaubeeren, Erdbeeren, Brombeeren und Himbeeren
Erdbeerkonfitüre, Obstsaft oder Beerenlikör

Dieser Tortentraum ist in ganz Skandinavien ein Hit. In Schweden ein Muss zu Mittsommer, dann allerdings am liebsten nur mit Erdbeeren. Er besteht aus fluffigem Biskuitteig, üppiger Sahne und fruchtigen Beeren, gelegentlich ergänzt durch eine Schicht Vanillecreme.

Den Ofen auf 165 °C Ober-/Unterhitze vorheizen. Eier und Zucker mindestens 5 Minuten auf höchster Stufe schaumig schlagen. Das ist wichtig, damit der Teig schön fluffig wird und gut aufgeht. Mehl mit dem Backpulver gut vermischen und durch ein Sieb hindurch behutsam unter den Schaum heben. Den Teig in eine gefettete oder mit Backpapier ausgelegte Springform füllen, in den Ofen stellen und 35–40 Minuten backen. Den Biskuitboden gut auskühlen lassen. Man kann den Biskuit auch gut am Vortag machen, dann lässt er sich besser schneiden.

Die Vanillecreme ebenfalls im Voraus herstellen.

Den Biskuitkuchen mit einem Messer gleichmäßig horizontal in 3 Tortenböden teilen. Die untere Schicht mit Saft oder Likör befeuchten. Dann eine Schicht Marmelade darüber verteilen. Die Schlagsahne steif schlagen. Vanillecreme und dann die Sahne auf der Marmelade verteilen. Mit der zweiten Schicht wird genauso verfahren. Der oberste Tortenboden wird mit dem Rest der Schlagsahne bedeckt und mit den Beeren dekoriert.
Diese Schichttorte ist einer jener Kuchen, die am nächsten Tag sogar noch besser schmecken.

TIPP: Den fertiggebackenen Biskuitteig kann man auch für zukünftige Verwendung einfrieren.

KARROTTENKUCHEN

Morotskaka · Gulerodskage · Gulrotkake · Porkkanakakku

Zutaten für eine Springform 20 cm Ø

Teig:
250 g geriebene Karotten (ca. 3 große Karotten)
3 Eier, 200 g Zucker
50 ml Buttermilch oder Joghurt, 200 ml Rapsöl
300 g Mehl, 1 TL Backpulver, 1 TL Vanillezucker
½ TL Kardamom, grobgemahlen, ½ TL Salz, ½ TL Zimt
130 g gemahlene Haselnüsse

Füllung:
300 g Frischkäse, 50 g weiche Butter, 100 g Puderzucker
1 Glas Karottenmarmelade oder Orangenmarmelade

Zum Verzieren:
Pistazien oder Orangenabrieb

Karottenkuchen mit Frischkäse-Topping ist in ganz Skandinavien beliebt. In Bäckereien schneidet man ihn in rechteckige Stücke und verkauft ihn direkt vom Blech weg. Dies ist eine luxuriöse Variante in Tortenform, mit einer extra Füllung aus herrlich säuerlicher Marmelade.

Zunächst die Karotten schälen und fein raspeln. Dann den Ofen auf 200 °C Ober-/Unterhitze vorheizen.
Eier und Zucker schaumig schlagen und dann den Joghurt und das Öl hinzufügen und verrühren.
In einer zweiten Schüssel Mehl, Backpulver, Vanillezucker, Kardamom, Salz und Zimt gut vermischen und erst dann unter die Eier-Zucker-Mischung geben. Nun vorsichtig unterheben. Zum Schluss die geriebenen Karotten und die Haselnüsse unterziehen. Dann die Form buttern und den Teig hinein füllen. 35–40 Minuten backen und gut auskühlen lassen. Für die Füllung den Frischkäse, die weiche Butter und den gesiebten Puderzucker aufschlagen, bis eine homogene Masse entstanden ist.
Dann den Karottenkuchen horizontal in zwei Hälften schneiden. Die untere Kuchenplatte zunächst reichlich mit der Karottenmarmelade bestreichen und dann mit einem Drittel des Frischkäse-Frostings bestreichen. Die obere Kuchenplatte darauf setzen. Und das restliche Frosting rundherum verteilen. Nun kann man die Torte noch je nach Gusto verzieren.

HIMBEERTÖRTCHEN

Hallongrottor

Zutaten für ca. 40 Stück

1 TL abgeriebene Schale einer Bio-Zitrone
200 g Weizenmehl
80 g Kartoffelmehl
1 Msp. Vanille-Extrakt
70 g Puderzucker
1 TL Backpulver
1 Prise Salz
250 g kalte Butter
40 Mini-Muffinförmchen
Himbeerkonfitüre

Hallongrottor – sogenannte schwedische Himbeerhöhlen – ein echter Fika-Klassiker aus Schweden. Am besten schmecken sie mit selbstgemachter Himbeerkonfitüre, weniger süß und schön fruchtig.

Den Backofen auf 180 °C Ober-/Unterhitze vorheizen und die Mini-Muffinförmchen auf einem Backblech verteilen.
Für den Teig alle trockenen Zutaten in eine Schüssel geben und die Butter in Flocken hinzufügen. Die Mischung mit den Händen zu einem glatten Teig verarbeiten. Den Teig halbieren und in zwei Rollen formen. Davon je ca. 20 Stücke in Scheiben abschneiden. Diese zu Kugeln rollen und jeweils in ein Mini-Muffinförmchen legen. In jede Kugel mit dem Daumen mittig eine Delle hineindrücken – die sogenannte Höhle – und dort einen Klecks Marmelade hineinfüllen.
Auf mittlerer Schiene etwa 25–30 Minuten backen und nach dem Backen in den Förmchen auf einem Kuchengitter abkühlen lassen.

TIPP: Die Plätzchen können auch gut eingefroren werden.

KARDAMOM-WAFFELN MIT MOLTEBEERKONFITÜRE

Vafler med multesyltetøy

Zutaten für 20 Stück

100 g Butter + etwas Butter zum Backen
4 Eier, 300 g Weizenmehl, 2 TL Backpulver
500 ml Buttermilch oder Kefir
1 TL Salz, 3 EL Zucker
2 TL Kardamom, gemahlen
2 TL Vanillepulver

Moltebeerkonfitüre:
500 g Moltebeeren (ersatzweise Stachelbeeren oder Brombeeren)
250 g Zucker

Zum Servieren:
Sauerrahm (Rømme)

Waffelrezepte gibt es im hohen Norden wohl unzählige, doch kaum jemand liebt Waffeln so sehr wie die Norweger! Egal wo man ist: im Café, unterwegs mit der Bahn, sogar an der Tankstelle gibt es sie. Und immer haben sie ihre unverwechselbare Herzform. Alleine das dürfte schon eine Liebeserklärung sein!

Für die Moltebeerkonfitüre Beeren und Zucker in einen Topf geben und verrühren und einige Stunden gehen lassen, bis die Beeren Saft abgeben. Dann bei geringer Hitze erwärmen, bis der Zucker sich aufgelöst hat. Die Hitze erhöhen und sprudelnd aufkochen lassen. Währenddessen die sauberen Schraubgläser bereitstellen, damit man zügig arbeiten kann. Mit Hilfe eines Schöpflöffels die sehr heiße Konfitüre in die Gläser füllen. Dann die Gläser sofort verschließen. Irgendwann später sollten die Gläser dann ploppen, das ist das Zeichen, dass sich ein Vakuum gebildet hat und Schimmelpilze keine Chance haben.

Für die Waffeln die Butter in einem kleinen Topf zerlassen. Die Eier in einer Schüssel schaumig schlagen. Alle weiteren Zutaten, außer die zerlassene Butter, unter ständigem Rühren hinzufügen. Zum Schluss noch die flüssige Butter unterrühren und den Teig zugedeckt mindestens 15 Minuten quellen lassen. Waffeleisen vorheizen und einfetten. Mit einer Schöpfkelle Teig auf das Waffeleisen geben, zuklappen und hellbraun backen. So fortfahren, bis der gesamte Teig aufgebraucht ist. Waffeln mit Konfitüre und Sauerrahm bestrichen vernaschen.

BAISER-DESSERT MIT EIS UND FRÜCHTEN

Marängsviss · Hofdessert · Hovijälkiruoka

Zutaten für 4 Portionen

Baiser:
2 Eiweiß (Gr. M)
110 g feiner Zucker

Schokoladensauce:
200 ml Schlagsahne
45 g Zucker
40 g Kakao
2–3 EL heller Sirup oder Kokosblütensirup
1 Prise Salz

Zum Servieren:
500 ml Vanilleeiscreme
200 ml Schlagsahne
ca. 250 g Früchte (Bananen, Erdbeeren oder Himbeeren)

Ein Dessert, das einst für die gehobene Gesellschaft kreiert wurde, präsentiert sich heute als sommerliche Köstlichkeit für Jedermann. Es vereint cremiges Eis, frische Früchte und knusprige Baisers zu einem wahrhaft königlichen Genuss.

Für das Baiser den Ofen auf 100 °C vorheizen. Das Eiweiß in einer gut gereinigten Schüssel zu steifem Schaum schlagen. Den Zucker nach und nach hinzufügen und dabei weiter schlagen. Zu einem festen Baiser-Teig schlagen.
Den Eischnee in einen Spritzbeutel füllen und kleine Baiser auf ein Backpapier spritzen. Die Baisers etwa eine Stunde lang in der Mitte des Ofens backen, bis sie sich vom Papier lösen und trocken anfühlen. Vorsicht: Die Backofentür während des Backvorgangs nicht öffnen!
Inzwischen für die Schokoladensauce alle Zutaten in einem Topf vermischen und unter Rühren etwa 5 Minuten lang aufkochen, bis eine glatte Masse entsteht.
Zum Servieren die Sahne steif schlagen. Baisers, Sahne, Bananenscheiben oder andere Früchte, Eis und Schokoladensauce auf einen Teller oder in ein Glas schichten.

ÅLÄNDISCHE PFANNKUCHEN

Ålandspannkaka · Ahvenanmaan pannukakkua

Zutaten für 4–6 Portionen

1 l Vollmilch, 140 g Grieß
2 TL Salz
3 Eier, 100 g Zucker
1 EL Butter, 2 TL Kardamom
50 g Weizenmehl

Backpflaumenkompott:
200 g Trockenpflaumen
1 EL Speisestärke
1 Pck. Vanillezucker
1 Msp. Zimt

Auf halber Strecke zwischen Schweden und Finnland liegen 6757 Inseln und Inselchen, die zwar zu Finnland gehören, aber doch irgendwie eher schwedisch sind. Der wohl bekannteste Leckerbissen dieser Schäreninseln ist keine gewöhnliche Pfannkuchenvariante. Viel besser! Diese mehrere Zentimeter dicke Köstlichkeit besteht aus Eiern, Grieß und Milch, wobei manche Insulaner auch Milchreis nehmen. Familienrezepte gibt es viele, doch eines haben sie alle gemein: die Zubereitung im Ofen. Serviert wird er traditionell mit Sahne und einem Kompott aus Trockenpflaumen oder einer anderen saisonalen Marmelade.

Für das Backpflaumenkompott die Trockenpflaumen klein schneiden und in 400 ml Wasser (oder 200 ml Wasser und 200 ml Rotwein) etwa 15 Minuten kochen lassen. Speisestärke mit etwas Wasser anrühren und dann in das Kompott rühren, bis es eindickt. Mit Vanillezucker und Zimt abschmecken und abkühlen lassen.

Milch zum Kochen bringen, Grieß einrühren, 1 TL Salz hinzufügen und 5 Minuten auf niedriger Hitze köcheln lassen, dabei ständig umrühren, um ein Anbrennen zu verhindern. Den Brei vom Herd nehmen und etwas abkühlen lassen. Eier, Zucker, 1 TL Salz und Kardamom verquirlen. Die Masse mit dem Mehl und dem abgekühlten Grießbrei vermengen. Den Teig in eine mit Butter eingefettete Auflaufform geben, Butterflocken darüber streuen und im vorgeheizten Ofen bei 200 °C etwa 45–60 Minuten backen. Nach dem Backen in quadratische Stücke schneiden und heiß oder kalt mit Marmelade und Sahne servieren.

BROT

In Skandinavien wird das Brotbacken seit langem gepflegt. Besonders auf dem Land ist es noch heute üblich, sein Brot selbst herzustellen. In Finnland ist das Roggenbrot *Ruisleipä* ein unverzichtbarer Klassiker. Hergestellt aus Sauerteig und grob gemahlenem Roggenmehl, besticht es durch seinen kräftigen Geschmack und die dichte Textur. Schweden hingegen ist berühmt für sein *Knäckebröd* – dünn und knusprig, traditionell aus Roggenmehl gebacken und oft mit verschiedenen Körnern verfeinert. Dank seiner wenigen Zutaten, wie Mehl, Salz und Wasser eignet es sich ideal zum Selbermachen, was typisch für die skandinavische Brottradition ist: unkompliziert und ohne viel Aufwand. In Dänemark erfreut sich das *Rugbrød* großer Beliebtheit, ein dunkles, saftiges Roggenbrot, das oft mit Körnern oder Samen verziert ist. Außerhalb Dänemarks haben alle skandinavischen Länder eine Vorliebe für Fladenbrot. Norwegen schwört auf *Flatbrød*, dünn und knusprig und *Lefse*, dünne weiche Fladen aus Kartoffeln oder Mehl, die sowohl süß mit Zimt und Zucker als auch herzhaft genossen werden. Schweden bevorzugt *Tunnbröd*, dünn und zart. Finnland wiederum genießt *Rieska*, ein Fladenbrot aus verschiedenen Mehlsorten. In Skandinavien kommen gerne alte Getreidesorten zum Einsatz: Wie zum Beispiel *Ölandsvetemjöl*, das aus einer alten Weizensorte, die auf der schwedischen Insel Öland wächst, hergestellt wird.

HONIGBROT

Honningbrød

Zutaten für 1 Liter Kastenform

160 g Farinzucker
175 g flüssiger Honig
35 g Butter
350 g Weizenmehl
½ TL Salz
1 TL Natron
2 TL Zimt
1 TL zerstoßener Kardamom
½ TL gemahlene Nelken
½ TL gemahlener Ingwer
2 kleine Eier
75 g kandierte Orangenschalen
50 ml Buttermilch
1 TL Butter für die Form

Honigbrot – ein Brot für Anfänger: Es ist denkbar einfach zubereitet, man braucht weder Hefe noch Sauerteig, als Triebmittel dienen Natron und Buttermilch. Dieses dänische Brot wird besonders gerne zur Weihnachtszeit gebacken und dann oft zusätzlich mit kandierter Orangenschale verfeinert.

Den Farinzucker, Honig, 100 ml Wasser und Butter in einen Topf geben und langsam schmelzen lassen. Dann köcheln lassen, bis sich der Zucker vollständig aufgelöst hat. Den Topf vom Herd nehmen und die Mischung abkühlen lassen. Den Backofen auf 170 °C Ober-/Unterhitze vorheizen. Dann Mehl, Salz, Natron und alle Gewürze in einer Schüssel vermischen. Eier in die abgekühlte Honigmischung einrühren und zur Mehlmischung geben. Den Teig gleichmäßig glatt rühren. Die kandierte Orangenschale fein hacken und zusammen mit der Buttermilch in den Teig einarbeiten.
Nun den Teig in die gefettete Form geben und ca. 1 Stunde backen. Per Stäbchenprobe testen, ob es durchgebacken ist. Das Brot vor dem Anschnitt gut abkühlen lassen.

TIPP: Schmeckt besonders gut mit salziger Butter und herber Orangenmarmelade. Und hält sich problemlos zwei bis drei Wochen.

KARTOFFELFLADEN

Potetlomper

Zutaten für 12 Stück

1 kg mehlige Kartoffeln
1 TL Salz
90 g Weizenmehl (plus Mehl zum Ausrollen)
50 g feines Roggenmehl

Norwegische Kartoffelfladen sind die kleine Variante von Lefse, einem Fladengebäck auf Basis von Wasser, Mehl und Salz, was auf eine lange Tradition bis zu den Wikingern zurückgeht. Die Herstellung, Zutaten und Füllung von Lefse unterscheiden sich von Region zu Region. Ob süß oder herzhaft, ob dick oder dünn, es gibt sie in Norwegen zu jedem Anlass.

Für die Fladen die Kartoffeln mit der Schale kochen. Anschließend schälen und durch eine Kartoffelpresse drücken. Salz, Weizenmehl und Roggenmehl untermischen. Der Teig sollte geschmeidig sein und nicht zu trocken. Falls er zu klebrig ist, etwas Mehl hinzufügen, aber bitte mit Vorsicht! Wenn man zu viel Mehl hinzufügt, werden die Fladen zu zäh, schließlich möchte man die schöne samtige Textur der Kartoffeln in den Fladen behalten.
Den Teig in 12 Stücke teilen und zu Kreisen mit ca. 20 cm Durchmesser ausrollen oder mit einer entsprechend großen Schüssel ausstechen.
Die Kartoffelfladen können entweder in einer Pfanne oder auf einer gusseisernen Platte über dem offenen Feuer gebacken werden. Wichtig ist, dass man sie in einer heißen ungefetteten Pfanne bäckt. Auf jeder Seite etwa eine halbe Minute, bis sie goldbraun sind und Blasen werfen. Unter einem Geschirrtuch abkühlen lassen, um sie weich und saftig zu halten.

TIPP: Klassische Füllungen für die Kartoffelfladen sind Grillwürstchen, Senf, Ketchup und Röstzwiebeln, zu einem Hotdog aufgerollt, auch bekannt als Pølse Og Lompe. Oder wenn man eher Lust auf etwas Süßes hat, bestreicht man die Fladen mit Butter, bestreut sie mit Zimt und Zucker und klappt das Ganze zusammen.

Haferbrötchen vom Blech

KNÄCKEBROT MIT ANIS & FENCHEL

Knäcke med anis och fänkål

Zutaten für 12 Stück

15 g frische Hefe
2 EL Öl
1 TL Salz
2 TL Fenchel
2 TL Anis
165 g grob gemahlenes Roggenmehl
210 g Weizenmehl

Selbstgebackenes Knäckebrot schmeckt tausendmal besser als gekauftes und kann nach Lust und Laune mit Gewürzen verfeinert werden.

Hefe in einer Schüssel zerbröckeln, 250 ml kaltes Wasser hinzufügen und rühren, bis sie sich auflöst. Öl, Salz, Fenchel und Anis hinzufügen. Mehl untermischen und den Teig einige Minuten kneten. Abgedeckt 1 Stunde gehen lassen.

Teig auf bemehlter Fläche gut durchkneten, in 12 Stücke teilen. Backblech im Ofen auf 225 °C vorheizen. Teig zu Fladen von 15–18 cm Durchmesser ausrollen, dabei mehrmals umdrehen, damit sie nicht an der Arbeitsfläche kleben bleiben. Überschüssiges Mehl abbürsten. Alle Fladen zwischen Backpapier legen und dann in der Mitte des Ofens für 8–10 Minuten nacheinander backen. Auf einem Kuchengitter abkühlen lassen.

TIPP: In Schweden verwendet man häufig ein genopptes Nudelholz dafür. Ersatzweise die Fladen mit einer Gabel einstechen.

HAFERBRÖTCHEN VOM BLECH

Långpannebröd

Zutaten für ca. 20 Stück

50 g Hefe
500 ml Milch, lauwarm
2 EL Honig
1 EL Salz
275 g Haferkleie
450 g Weizenmehl

Brötchen backen ist gar nicht schwierig – mit dem Rezept für schwedische Haferbrötchen ist es ein Kinderspiel.

Hefe in einer Schüssel zerbröckeln, die Milch über die Hefe gießen und rühren, bis sie sich auflöst. Honig, Salz, Haferkleie und Weizenmehl hinzufügen. Den Teig glatt rühren und abgedeckt 40 Minuten gehen lassen. Teig auf ein mit Backpapier ausgelegtes Backblech geben und verteilen. In Quadrate schneiden, damit man sie hinterher in Form von Brötchen abbrechen kann. Weitere 30 Minuten gehen lassen. Ofen auf 225 °C vorheizen und Brot im unteren Ofenteil 15–20 Minuten backen.

WEIHNACHTSBROT

Julebrød Julekake

Zutaten für 2 kleine Brote

500 g Weizenmehl
1 Pck. Trockenhefe
60 g Zucker
1TL Kardamom
½ TL Salz
300 ml Milch
125 g Butter, weich
150 g Rosinen
50 g Zitronat
1 Ei (zum Bestreichen)

Wem der deutsche Stollen zu süß ist und ein Hefezopf zu unweihnachtlich, der wird vom norwegischen Julebrød hellauf begeistert sein! Die unwiderstehliche Mischung aus Rosinen, Orangeat und Kardamom verleiht dem Gebäck eine weihnachtliche Note. Ob als Begleiter zum Kaffee oder als süßer Snack zwischendurch – es passt einfach immer. In Norwegen wird das Julebrød übrigens auch liebevoll Julekake bekannt. Brot oder Kuchen, es schmeckt himmlisch!

Für den Hefeteig Mehl, Hefe, Zucker, Kardamom, Salz und Milch in einer Küchenmaschine auf kleiner Stufe zu einem geschmeidigen Teig verarbeiten und etwa 8 Minuten kneten.
Die Butter portionsweise zum Teig geben und auf mittlerer Stufe weiter kneten, bis der Teig sich vom Rand der Rührschüssel löst.
Den Hefeteig an einem warmen Ort gehen lassen, bis er sich verdoppelt hat. Dann die Rosinen und das Zitronat zum Hefeteig geben und verkneten. Nochmals eine halbe Stunde gehen lassen.
Den Teig auf eine bemehlte Fläche geben und in 2 gleich große Portionen teilen. Beide Portionen zu Broten formen und auf ein mit Backpapier belegtes Blech legen. Für eine weitere Stunde abgedeckt ruhen lassen. Den Backofen auf 200 °C Ober-/Unterhitze vorheizen. Vor dem Backen die Brote mit einem verquirlten Ei bestreichen. Dann auf unterster Schiene im Backofen 25–30 Minuten backen.

SMØRREBRØD

Ein originales dänisches Smørrebrød ist weit mehr als nur ein Butterbrot oder eine einfache Mahlzeit! Es verkörpert das Herz und die Seele des dänischen Volkes. Was im 19. Jahrhundert von der Arbeiterklasse als schnelles Mittagessen erfunden wurde, hat sich heute zu einer wahren Kunstform entwickelt und wird täglich in zahlreichen Restaurants Dänemarks serviert.

Smørrebrød mit Kartoffeln

Smørrebrød mit Hering und Rote-Bete-Salat

Smørrebrød mit Roastbeef

Smørrebrød mit Ei und Krabben

ROGGENBROT

Rugbrød

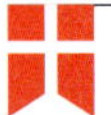

Zutaten für Kastenform (2 Liter)

Vorteig:
60 g Roggensauerteig
15 g Meersalz
30 g Zuckerrübensirup (Mørk Sirup)
375 g Roggenvollkornmehl (Type 1150)
375 g feines Roggenbackschrot (Type 1800)

Hauptteig:
150 ml helles oder dunkles Bier
150 g Weizenmehl (Type 1050)
Butter zum Einfetten

Roggenbrot und Smørrebrød – kulinarische Ikonen Dänemarks: Das dunkle, aromatische Roggenbrot dient als Grundlage für die kunstvoll gestalteten Smørrebrød, die man traditionell mit Messer und Gabel genießt.

Für den Vorteig alle Zutaten mit 700 ml handwarmem Wasser in einer Schüssel gründlich vermischen und abgedeckt über Nacht 10–12 Stunden bei Raumtemperatur gehen lassen.

Für den Hauptteig Bier und Weizenmehl zum Vorteig geben und alles gründlich mischen.
Die Kastenform ordentlich mit Butter einfetten und den Teig hineingeben, glatt streichen und mit einer Gabel mehrfach einstechen. 2 cm Platz sollte der Teig nach oben haben, um in der Form aufzugehen. Abdecken und warten, bis der Teig bis zum Rand gestiegen ist. Das dauert bei Raumtemperatur rund 90 Minuten. Inzwischen den Backofen auf 230 °C Ober-/Unterhitze vorheizen und eine Auflaufform hineinstellen.

Die Kastenform in den vorgeheizten Ofen setzen und etwas Wasser in die Auflaufform gießen, um Dampf zu erzeugen. 80 Minuten backen, dabei nach 10 Minuten die Temperatur auf 190 °C reduzieren und die Ofentür einmal öffnen, um den Dampf abzulassen. 10 Minuten vor Backzeitende das Brot aus der Form nehmen, auf das Backofengitter setzen, zu Ende backen und auf einem Küchengitter mindestens 1 Tag auskühlen lassen.

BELEGTE BUTTERBROTE

Smørrebrød

Zutaten für 8 Scheiben

8 Scheiben Roggen-Schwarzbrot, gesalzene Butter

BROT MIT KARTOFFELN (KARTOFFELMAD)

3–4 festkochende Kartoffeln (gekocht), Mayonnaise, 1 rote Zwiebel (gehackt)
2 EL Schnittlauch, gehackt, 1 TL Kapern

Die Brotscheiben mit Butter bestreichen. Die Kartoffeln in Scheiben schneiden und fächerförmig darauflegen, großzügig Mayonnaise auftragen. Mit den roten Zwiebeln, Schnittlauch, Kapern und zum Schluss den Röstzwiebeln bestreuen.

BROT MIT EI UND KRABBEN (ÆG OG REJER)

4 Eier (hart gekocht), Mayonnaise, 100 g Krabben
Kresse, Dill, Zitronenzeste

Die Brotscheiben mit Butter bestreichen. Die Eier in Scheiben schneiden (das geht am besten mit einem Eierschneider) und fächerförmig darauflegen, großzügig Mayonnaise auftragen. Die eine Hälfte der Brotscheibe mit Krabben belegen und die andere mit Kresse. Mit Dill und Zitronenzeste garnieren.

BROT MIT HERING UND ROTE-BETE-SALAT (SILD OG RUSSISK SALAT)

Rote-Bete-Salat (Seite 43), 2 marinierte Heringsfilets, 1 Ei (hart gekocht), Dill

Die Brotscheiben mit Butter bestreichen und mit reichlich Rote-Bete-Salat bestreichen. Die Heringe halbieren, auf den Salat fächern und mit Ei und Dill garnieren.

BROT MIT ROASTBEEF (ROASTBEEF)

4–6 Scheiben Roastbeef (optional kalter Schweinebraten), 1 Gewürzgurke (in Scheiben)
Meerrettich (frisch gerieben), Röstzwiebeln (siehe Hotdog Seite 55)
Dänische Remoulade:
150 g Mixed Pickles, 1 EL Kapern, 1 EL gehackte Schalotte, 150 g Mayonnaise
100 g saure Sahne, 1 TL Senf, ½ TL Curry, 1 Spritzer Zitronensaft

Zunächst für die Remoulade die Kapern und die Mixed Pickles sehr fein hacken und mit den restlichen Zutaten gut vermischen. Dann 30 Minuten in den Kühlschrank stellen. Die Brotscheiben mit Butter bestreichen und mit Roastbeef belegen. Mit Remoulade, Gurkenscheiben und Röstzwiebeln garnieren und zum Abschluss mit Meerrettich bestreuen und servieren.

GETRÄNKE

JAM
PICKLED
7/23
HOMEMADE
Mustaherukka
SYRUP
PESTO
JAM
PICKLED
7/23
HOMEMADE

Die skandinavische Vorliebe für Kaffee ist weithin bekannt, wobei Finnland mit einem durchschnittlichen Verbrauch von 12 kg pro Person und Jahr weltweit an der Spitze steht. Norweger schwören oft auf selbstgerösteten Kaffee und Oslo gilt als wahres Mekka für Kaffeeliebhaber. In Schweden unterscheidet man zwischen „Koch-Kaffee" *(Kok)* und „Brüh-Kaffee" *(Brygg)*.
Alkohol spielt in Skandinavien eine komplexe Rolle. Obwohl die Preise beträchtlich, die Regulierungen streng sind, ist der Konsum hoch. Traditionelle Getränke wie Aquavit, Wodka und Bier prägen seit jeher die Kultur. Es gab im Laufe der Geschichte in allen skandinavischen Ländern verschiedene Formen von Alkoholverboten. So führte Finnland beispielsweise von 1919 bis 1932 eine Prohibition ein. Noch heute müssen hochprozentige Spirituosen in speziellen Geschäften erworben werden, wie dem *Systembolaget* in Schweden, *Alko* in Finnland und *Vinmonopolet* in Norwegen. Daher ist es nicht verwunderlich, dass die Tradition, Schnaps mit eigenen Kräutern und Gewürzen zu verfeinern, bis heute lebendig ist. Gegen den Durst hingegen trinkt man vor allem gerne mit Wasser verdünnte Beerensäfte oder ein Glas Milch.

Rhabarbersirup

RHABARBERSIRUP

Rabarbersirap · Rabarbersirup
Rabarbrasirup · Raparperisiirappi

Zutaten für ca. 1 Liter

1 kg Rhabarber
2 Vanilleschoten
450 g Rohrzucker

Rhabarber läutet auch im Norden den Frühling ein! Je nach Breitengrad von April bis Juli ein gern gesehener Vitamin-C-Lieferant.

Rhabarber putzen, waschen und in Stücke schneiden. In einem Topf Rhabarber und 1,5 l Wasser aufkochen. Die Vanillestange der Länge nach aufschneiden und mit in den Topf geben. 10 Minuten köcheln lassen, den Topf vom Herd nehmen und weitere 30 Minuten ziehen lassen.

Dann den Saft durch ein Sieb in einen anderen Topf gießen, Zucker hinzufügen und etwa 20 Minuten ohne Deckel köcheln lassen, bis sich der Zucker aufgelöst hat. Noch heiß in eine sterilisierte Flasche füllen, fest verschließen und auskühlen lassen. Schmeckt z. B. mit kaltem Mineralwasser (Mischungsverhältnis: 1:3) oder Sekt aufgefüllt.

JOHANNISBEERSIRUP

Rödvinbärssaft · Ribssirup
Ripssaft · Punaherukkamehu

Zutaten für ca. 1 Liter

2 kg rote Johannisbeeren
500 g Zucker
Saft einer Zitrone

Eingekochte Beerensäfte sind im hohen Norden sehr beliebt und werden sowohl im Sommer, als auch heiß im Winter getrunken.

Johannisbeeren waschen und von den Rispen zupfen. 400 ml Wasser und Beeren in einen Topf geben. Die Beeren 10–15 Minuten köcheln lassen, bis sie aufplatzen. Die Flüssigkeit dann durch ein feines Sieb abseihen. Und weiteren Saft der Beeren mit einem Stößel oder Kochlöffel durch das Sieb drücken. Dann den Saft zurück in den Topf geben. Die restlichen Zutaten dazugeben und etwa zehn Minuten aufkochen und anschließend mithilfe eines Trichters in sterilisierte Flaschen füllen. Schmeckt z. B. mit kaltem Mineralwasser (Mischungsverhältnis: 1:3) oder Sekt aufgefüllt.

TIPP: Ich mische gerne rote und schwarze Johannisbeeren.

Snaps

KÜMMEL-SCHNAPS

Snaps med kummin och timjan

Zutaten für 0,7 Liter

0,7 l Wodka
1 TL Kümmelsamen, 1 Zweig Zitronenthymian

Der Schnaps gehört zum Hering wie der Hering zu Mittsommer. Für Feierlichkeiten wird in Schweden Branntwein gerne mit Kräutern und Gewürzen verfeinert.

Den Alkohol mit den Gewürzen und Kräutern vermischen und an einem kühlen und dunklen Ort etwa 5–6 Tage ziehen lassen. Dann die Gewürze abseihen.

WEITERE WÜRZVARIANTEN:

- 50 Wacholderbeeren und Schale von 1 Zitrone
- 1 TL Dillsamen und 3 Stängel Dill
- 25 g Vogelbeeren

REICHSMARSCHALL-SCHNAPS

Marskin ryyppy

Zutaten für 1 Drink

50 cl Aquavit, 50 cl Wodka
2 cl Wermut, 1 cl Gin

Das Getränk trägt den Namen zu Ehren des finnischen Generals und Staatsmanns Carl Gustaf Emil Mannerheim, der im Zweiten Weltkrieg Finnland erfolgreich gegen die Russen verteidigte und später Präsident seines Landes wurde. Der Legende nach musste das Schnapsglas des bekannten Feinschmeckers stets randvoll gefüllt sein.

Alle Zutaten in einem Shaker mixen und das vorgekühlte Glas bis zum Rand hin füllen.

WEIHNACHTSCOCKTAIL

Mumma

Zutaten für ca.1 Liter

50 ml Gin (gekühlt)
2 TL Kardamomsamen
500 ml Porter (gekühlt)
350 ml Zitronenlimonade (Sockerdricka)
100 ml süßer Madeira (gekühlt)

Unverzichtbar auf der schwedischen Weihnachtstafel ist diese aromatische Mischung aus dunklem Bier, Likörwein und Limonade.

Gin mit Kardamom mischen und 24 Stunden ziehen lassen, dann den Gin durch einen Kaffeefilter in eine Kanne abseihen. Vorsichtig die anderen gekühlten Getränken auffüllen, untermischen und direkt in vorgekühlten Gläsern servieren.

Glühwein, Chokladsnittar und Joulutorttu

KOCHKAFFEE

Kokkaffe · Kokekaffe · Pannukahvi

Zutaten für 1 Liter

1 l Wasser
ca. 75 g Kaffee, grob gemahlen

Was gibt es Schöneres, als Kaffee am Lagerfeuer zu kochen? Im hohen Norden ist das weit verbreitet, denn Zeit für Kaffee hat der Skandinavier immer und überall.

Das Wasser in einer Kanne erhitzen und den Kaffee hineinschütten, kurz aufkochen lassen und vom Feuer nehmen. 3 Minuten stehen lassen, damit sich das Kaffeepulver setzt.
Kochkaffee kann genauso gut am Gas- oder Elektroherd zubereitet werden.

GLÜHWEIN

Glögg · Gløgg · Gløgg · Glögi

Zutaten für 4 Tassen

6 cm frischer Ingwer, 750 ml Rotwein
120 g Puderzucker, 150 ml Wodka
2 Zimtstangen, 3 Stück Orangenschale,
10 ganze Nelken, 1 TL ganze Kardamomsamen
Optional: Rosinen und geschälte ganze Mandeln

Die skandinavische Antwort auf den deutschen Glühwein: kräftig, süß und schön würzig durch das nordische Lieblingsgewürz Kardamom.

Den Ingwer schälen und in 0,5 cm dicke Scheiben schneiden. Wein, Ingwer, Zucker, Wodka und Gewürze in einem Topf vermischen. Unter Rühren auf ca. 70 °C erhitzen und vor dem Servieren mindestens 30 Minuten stehen und ziehen lassen. Warm mit Mandeln und Rosinen servieren.

HEISSE SCHOKOLADE

mit winterlichen Gewürzen

Zutaten für 1 Tasse

200 ml Milch
1 Prise Vanillepulver
1 Prise Zimt
30 g dunkle Schokolade, 70%, fein gehackt

Optional: Schlagsahne,
Marshmallows,
dunkle Schokolade zum Bestreuen

Heiße Schokolade mit echter Schokolade – super einfach und schnell selbstgemacht.

Die Milch mit Vanille und Zimt in einem Topf erhitzen und dann die Schokolade unter ständigem Rühren hinzugeben. Weiter rühren, bis sie vollständig geschmolzen ist. Heiße Schokolade in eine Tasse füllen. Wer mag, kann sie mit Marshmallows, Schlagsahne und Schokoraspeln servieren. An besonders kalten Tagen tut auch ein Schuss Rum ganz gut!

WEIHNACHTEN

In den skandinavischen Ländern ist die Weihnachtszeit mehr als nur ein Fest. Es ist eine Zeit der Gemeinschaft und des gemeinsamen Erlebens, die die Herzen der Menschen erwärmt. Selbst vor eisiger Kälte und glatten Straßen schrecken die Skandinavier nicht zurück. Bereits Wochen vor Weihnachten bieten sich zahlreiche Anlässe zum Feiern. In Finnland erhellt *Pikkujoulu* („kleine Weihnacht") oft schon im November die dunkelste Jahreszeit – mit Trinken, Reden und Tanzen. Pfefferkuchen und Glühwein sind unerlässlich, doch häufig kommt bereits ein Vorgeschmack auf das Weihnachtsessen auf den Tisch. Ein weiterer Höhepunkt ist das Luciafest am 13. Dezember, wenn junge Mädchen in weißen Gewändern mit einer Krone aus Kerzen durch die Straßen ziehen und Licht in den nordischen Winter bringen. Der Duft von Safran-Hefegebäck erfüllt die Luft und kündigt die bevorstehenden Festlichkeiten an. Währenddessen wacht in Norwegen der *Tomte*, der freundliche Hausgeist, über Haus und Hof und belohnt die Kinder zu Weihnachten mit Geschenken, wenn sie ihm als Dank eine Schüssel Reisbrei nach altem Brauch hinterlassen.

Im Norden beginnen die Feierlichkeiten der Weihnachtstage eigentlich schon am 23. Dezember mit dem sogenannten

„kleinen Weihnachtsabend“. Freunde und Familien kommen zusammen, um die letzten Vorbereitungen für das große Fest zu treffen und vielleicht schon einmal zu probieren, ob die eingelegten Heringe schon genug durchgezogen sind.
Doch spätestens am 24. Dezember versammeln sich Familien um den geschmückten Weihnachtsbaum und festlich gedeckte Tische. Die schwedische Weihnachtstafel biegt sich förmlich unter der Last der Köstlichkeiten. Das *Julbord* gleicht eher einem überdimensionalen skandinavischen Buffet. In Dänemark läuten die Kirchenglocken und erinnern daran, dass das Fest der Liebe begonnen hat. Kinder lachen, spielen und tanzen um den geschmückten Tannenbaum herum. In Norwegen stellt man sich wie jedes Jahr die Frage: *Ribbe* (gebratener Schweinebauch) oder *Pinnekjøtt* (gepökelte Lammrippen)? Umgeben von Schnee und Kälte gehört die Sauna in Finnland zum Fest wie der *Joulukinkku* (Weihnachtsschinken), und spätestens um Punkt 12 Uhr, wenn vom Balkon des Doms im südfinnischen Turku der Weihnachtsfrieden verkündet wird, versinkt ganz Finnland in feierlicher Stille.

SPEISEKAMMER

Einen langen nordischen Winter zu überstehen, war über Jahrhunderte hinweg abhängig von einer gut gefüllten Vorratskammer – wer nicht vorsorgte, hatte das Nachsehen. Sammeln, Trocknen, Einkochen und Fermentieren gehören seit jeher zum kulinarischen Erbe Skandinaviens. Es gibt einige typisch nordische Produkte, die man außerhalb von Skandinavien kaum kennt, aber im Hause haben sollte.

PREISELBEERKOMPOTT

Die herben und säuerlichen Preiselbeeren werden zu vielen Gerichten gereicht. Durch den hohen Anteil an dem natürlichen Konservierungsstoff Benzoesäure sind sie von Haus aus lange haltbar. Im Kühlschrank bleiben sie roh sogar bis zu acht Wochen frisch. Kocht man sie ein, gelieren sie fast von selbst, dank ihres hohen Pektingehalts. Der jedoch zu Beginn der Saison höher liegt, als zum Ende hin, wenn die Beeren schon fast dunkelrot sind.

REZEPT:

1 kg Preiselbeeren und 200 g Zucker in einem hohen Topf zum Kochen bringen, 5–10 Minuten köcheln lassen und dann sofort in die vorbereiteten Gläser einfüllen, verschließen.

FARINZUCKER

Dieser braune Zucker ist aus der skandinavischen Küche kaum wegzudenken, vor allem nicht beim Backen. Der größte Unterschied zum bei uns geläufigen braunen Zucker ist, dass Farin zusätzlich Rohrzuckersirup enthält, was den charakteristischen Geschmack mitbringt. Farinzucker ist daher immer etwas feucht und muss verschlossen gelagert werden, damit er nicht austrocknet.

SIRUP

Im Norden backt man gerne mit Sirup. Entweder mit hellem *Lys Sirup*, der mit seinem feinen Karamellgeschmack hauptsächlich für Kekse und Desserts verwendet wird. Er kann durch Ahornsirup oder Honig ersetzt werden. Geschmacklich schwieriger zu ersetzen, ist der dunkle *Mørk Sirup*, der vor allem in der Weihnachtszeit geschmacksgebend für Pfefferkuchen verwendet wird. Ich ersetze ihn lieber durch Kokosblütensirup als durch den bei uns üblichen Zuckerrübensirup, der einen sehr intensiven und eigenen Geschmack hat.

SENF

Skandinavischer Senf ist meistens nicht so scharf sondern etwas süßer (aber weniger süß als Weißwurstsenf). Wenn meine Senf-Mitbringsel aufgebraucht sind, füge ich stets etwas Honig zum deutschen Senf.

GETROCKNETE PILZE

Pilze säubern und in dünne Scheiben schneiden. Entweder zum Lufttrocknen nebeneinander auf ein Backblech oder -gitter verteilen und dann einmal am Tag wenden, damit sie gleichmäßig trocknen können und sich kein Schimmel bildet. Oder die Pilzscheiben auf ein Garn zu einer Kette auffädeln. Zum Trocknen ist ein warmer, trockener Ort ohne direkte Sonneneinstrahlung geeignet, an dem die Luft zirkulieren kann. Die Pilze sind fertig getrocknet, wenn sie in den Händen ein raschelndes Geräusch erzeugen und sich brechen lassen. In luftdichten Gefäßen, dunkel gelagert, sind getrocknete Pilze jahrelang haltbar. Vor der Verwendung in heißem Wasser einweichen oder bei länger kochenden Gerichten einfach mitkochen.

ANCHOVIS

Skandinavische *Ansjovis* sind nicht zu verwechseln mit Anchovis aus dem Mittelmeerraum. Es handelt sich nämlich in diesem Fall nicht um in Öl eingelegte Sardellen, sondern um in einer würzigen süßsauren Essiglake eingelegte Sprotten. In Dänemark kennt man sie auch als Appetitsild. Sie sind unersetzbar für den einzigartigen Geschmack von Klassikern wie *Janssons frestelse* oder *Gubbröra*.

KARDAMOM

Ein Gewürz, das schon die Wikinger mit in den Norden brachten. In Skandinavien wird vor allem grob gemahlener Kardamom für allerlei Hefegebäck verwendet. Ersatzweise kann man Kardamomkapseln kaufen, die Samen auslösen und grob mörsern.

PIMENT

Gemahlener Piment ist die Geheimzutat für original schwedische *Köttbullar* und wird auch sonst für viele Fleischgerichte oder als Körner zum Einlegen von Heringen und Gemüse verwendet.

REZEPTVERZEICHNIS

Kommen Sie mit auf weitere kulinarische Weltreisen und genießen exotisches Kochvergnügen

Peter Maria Slama
Botschafter mit Geschmack. Diplomatische Kochrezepte
160 Seiten, farbig,
gebunden, 17 cm x 23 cm
€ 22,00 (D) / € 22,60 (A)
ISBN 978-3-89798-636-7

Susanna Sarkisian
Eine kulinarische Reise durch Armenien
224 Seiten, farbig,
gebunden, 24 cm x 27 cm
€ 28,00 (D) / € 28,80 (A)
ISBN 978-3-89798-443-1

Vera Lifa Seiverth
Eine kulinarische Reise durch Tansania
160 Seiten, farbig,
gebunden, 17 cm x 23 cm
€ 20,00 (D) / € 22,60 (A)
ISBN 978-3-89798-565-0

Hendrik Wiethase
Eine kulinarische Reise durch Indien
160 Seiten, farbig,
gebunden, 17 cm x 23 cm
€ 18,00 (D) / € 18,50 (A)
ISBN 978-3-89798-623-7